XI

DE LA
RÉHABILITATION CIVILE

DANS SES RAPPORTS AVEC L'EXCLUSION

DE LA LÉGION-D'HONNEUR.

MÉDITATION.

> Qu'est-ce qu'un crime ou un délit ! —
> Une sorte de *faillite sociale* dont la sen-
> tence de *condamnation* est la *déclaration*,
> dont l'expiration de la *peine* est le *con-
> cordat*, et dont le *repentir* est la *réhabi-
> litation*.
> Donc, pour tous, en général, la *réhabi-
> litation civile* est, ou doit être ce qu'est
> pour le commerçant, en particulier, la
> réhabilitation *commerciale*.

ALGER

IMPRIMERIE DE A. BOURGET, RUE SAINTE, DEUX.

Novembre 1850.

XI

DE LA
RÉHABILITATION CIVILE

DANS SES RAPPORTS AVEC L'EXCLUSION
DE LA LÉGION-D'HONNEUR.

MÉDITATION.

Les *Condamnés*, exclus de la Légion-d'Honneur ne sont pas des *Damnés* — et lo Chantre immortel de l'*Enfer* pourrait leur dire :

SERBATE *ogni speranza voi ch'uscite!*

— La réhabilitation, c'est le *réméré* et la *réintégrande* d'un coupable *puni* et *repentant.*

ALGER

IMPRIMER.E DE A. BOURGET, RUE SAINTE, DEUX.

Novembre 1860.

A M. A. MARION,

PRÉSIDENT DU TRIBUNAL CIVIL D'ALGER

Chevalier de la Légion-d'Honneur.

HOMMAGE DE RESPECTUEUSE AFFECTION

de son collègue et subordonné,

C. FRÉGIER.

Alger, le 22 novembre 1860.

Ceci n'est pas seulement une *étude* de droit, c'est encore et surtout une *étude* de philosophie morale et sociale.

Conséquence et couronnement, à certains égards, de nos deux dernières Études sur la *faillite* dans ses rapports avec la *Légion*-d'honneur et sur la *garde nationale ou milice* dans ses rapports avec la faillite, elle nous a paru plus importante, plus neuve, plus curieuse et même, dirions-nous volontiers, plus hardie et plus intéressante qu'elles.

Qu'on en juge par quelques-unes des questions qu'elle soulève !

Qu'est-ce que l'honneur ? qu'est-ce que l'infamie ? qu'est-ce que la peine ? qu'est-ce que le repentir ? qu'est-ce que l'expiation ? quelle est leur influence, qu'elle est leur action, légale et morale, sociale et individuelle, sur le passé et l'avenir d'un condamné ? Est-il des crimes inexpiables ? est-il des condamnations irréparables ? qu'est-ce que la réhabilitation civile ? A quoi s'applique-t-elle ? quel est son but ? quels sont ses effets ?

Autant de questions difficiles, complexes, dont la solution de notre question présuppose la solution, préalable !

Loin des ressources de tout grand foyer intellectuel et bibliographique, nous avons été contraint d'y suppléer, dans l'étroite mesure de nos facultés, par l'analyse solitaire, personnelle, mais approfondie, des éléments constitutifs de ces questions.

Dieu sait par quels labeurs, quelles anxiétés, quelles hésitations nous avons dû passer, nouvelle Pénélope, avant d'arriver à une conviction telle que la demandait notre conscieuce de sérieux et sincère écrivain, — à une conviction solide, entière, inébranlable !

Jamais peut-être nous n'avions davantage *expérimenté* que si rien n'égale les joies de l'intelligence qui trouve la vérité, rien ne saurait parfois se comparer aux douleurs de l'intelligence qui la recherche.

Heureusement la vérité est reconnaissante envers ses fidèles, et comme le Dieu de qui elle émane, elle est pour eux force et lumière.

Force, elle prévient les défaillances de leur faiblesse, et encourage les efforts de leur bonne volonté.

Lumière, elle dissipe les ténèbres qui la dérobent ou l'obscurcissent aux yeux de quiconque veut en contempler les divines splendeurs.

Or, nous croyons qu'à travers l'humble odyssée juridique que trop témérairement peut-être, nous avons entreprise, et dont cet opuscule ne sera qu'un rapide épisode, la vérité a jusqu'ici éclairé notre esprit, fortifié notre cœur, soutenu et dirigé nos pas, et nous espérons qu'elle ne nous fera point défaut dans cette nouvelle Étude.

Serions-nous le jouet d'une vaine illusion ? à vous, lecteurs, de nous le dire !

Prenez, lisez et jugez.

Mais pourquoi avons-nous revêtu notre travail de la forme insolite de *méditation* ? (1)

Parce que, mieux que toute autre, elle exclut toute phrase parasite, toute transition, toute digression, tout écart qui gênerait de près ou de loin la libre évolution de vos idées, ou ne serait pas indispensable à votre sujet.

Parce qu'elle vous permet de le prendre corps à corps, et de pénétrer sans obstacle et d'emblée au plus profond de ses entrailles, *medias in res*.

Ne pouvant prétendre ni à l'ordre lumineux de Domat, ni à la savante simplicité de Pothier, ni à la vigueur de Merlin, ni à la chaleur de Marcadé, ni à la concision de Zachariæ, ni à l'éloquence de Troplong, etc., nous désirerions, tout au moins qu'on nous accordât l'unique mérite qui ne dépasse pas les limites de nos modestes forces, — le mérite de la briéveté.

Pour nous, les mots sont comme les flèches de la pensée (2), et nous sommes de ceux qui voudraient n'en lancer qu'une seule, mais qui frappât fort et juste au cœur... l'intelligence de tout lecteur qui pense.

A l'œuvre maintenant !

Dixi, nunc cœpi !

C. F.

Alger, le 10 novembre 1860.

---

(1) Medium ire.

(2) Sicut sagittæ in manu potentis — *Psalm.* 126-4.

DE LA RÉHABILITATION CIVILE

DANS SES RAPPORTS

AVEC L'EXCLUSION DE LA LÉGION-D'HONNEUR.

PROLOGUE.

Je veux résoudre une question qui, directement ou indirectement, touche aux intérêts les plus précieux, que dis-je ? les plus sacrés de l'homme, considéré dans ses relations avec la famille, la cité, l'Etat, — à son estime, à sa considération, à son honneur, — à ses droits et à ses devoirs envers lui, envers ses semblables, envers Dieu.

Pour atteindre mon but, je n'ai guère d'autre moyen qu'un texte, court, incomplet et obscur, précipitamment rédigé, jeté à la hâte et comme par lassitude à la fin d'un code qui, quelle que soit sa valeur, présente plus d'une imperfection et plus d'une lacune.

Mais ce texte, que je regarde devant ou derrière lui, se rattache à une foule d'autres textes, difficiles à interpréter, et sans lesquels il est impossible de le comprendre, et plus impossible encore d'en saisir toute la portée.

Et comme si ce n'était pas assez des difficultés inhérentes à son interprétation, voici que la matière dont il est la pierre angulaire est une de celles dont la Doctrine s'est à peine occupée, que la Jurisprudence n'a touchée qu'en passant, et sur lesquelles, de concert avec le Droit ancien, le Droit intermédiaire et le Droit nouveau de la France, le Droit romain et la plupart des législations étrangères semblent, par leurs obscurités, leurs variations et leurs dissemblances, avoir entassé à plaisir les incertitudes et les nuages.

Mais quelle est donc cette question? La voici :

« *La réhabilitation civile d'un Légionnaire, frappé d'un décret d'exclusion sur le vu d'une condamnation correctionnelle ou criminelle, rend-elle à ce légionnaire les droits et prérogatives de la Légion-d'Honneur dont il jouissait avant cette condamnation?* »

Ou plus clairement encore, *un Légionnaire a-t-il le droit de reporter immédiatement, après sa réhabilitation, la croix dont l'avait dépouillé le décret d'exclusion?*

Poser cette question, c'est poser implicitement cette autre, plus générale et plus compréhensive, dont la solution renferme le germe de celles de toutes les questions qui surgissent de l'art. 634 du code d'instruction criminelle :

Quels sont les effets de la réhabilitation?

Le premier alinéa de cet article répond, ce semble, avec autant de concision que de clarté : « La réhabilitation fait « cesser pour l'avenir, dans la personne du condamné, toutes « les incapacités qui résulteraient de la condamnation. »

Fait cesser... pour l'avenir... toutes les incapacités... résultant de la condamnation !...

Donc, conclut la logique, la réhabilitation n'opère que pour l'avenir, à partir de son obtention, et ne donne au réhabilité que les capacités dont la condamnation l'avait définitivement privé.

Donc encore, la réhabilitation ne rend pas l'*integer status*, l'intégrité de la vie civile, mais confère seulement la faculté, la capacité de la reconquérir.

A cette argumentation naturelle, grammaticale, logique, fondée sur le sens littéral d'un texte, pivot de toute discussion sur la puissance de la réhabilitation civile, est-il une réponse juridiquement victorieuse?

Est-il possible, en dépit de ce texte et de cette argumentation, de soutenir que la réhabilitation a quelquefois un effet rétroactif, et qu'au lieu de borner toujours son action à relever le réhabilité d'incapacités, de déchéances légales, elle lui restitue, elle lui fait recouvrer les droits qu'il exerçait antérieurement à sa condamnation ?

Peut-être !...

Examinons, à la lueur du double flambeau de la philosophie et de l'histoire du Droit.

Est-il une meilleure méthode d'exégèse juridique ? C'est celle de Montesquieu, de Merlin et de Troplong, illustres interprètes dont on est toujours si heureux de suivre même de loin les traces magistrales.

I

Être actif, intelligent et libre, l'homme est capable de bien et de mal, de mérite et de démérite, de peines et de récompenses.

Bon ou mauvais, il est responsable de ses *actes.*

Etre social, il *sait* qu'il contracte en naissant envers la société l'obligation d'atteindre le but que celle-ci assigne à son *activité* et à sa *liberté.* Manque-t-il ce but, il rompt son pacte et viole sa loi, il *pèche,* il *faillit,* il *erre,* et crime, délit, contravention ou faute, il devient *coupable* contre elle.

Coupable! La société le *punit* — tout à la fois pour réprimer l'infraction qu'il a commise, — et prévenir celle qu'il pourrait commettre encore.

La *peine* est nécessaire, la peine matérielle, sensible, extérieure, comme le fait qui la motive — parce qu'elle supplie pour le coupable, — parce qu'elle apaise la colère vengeresse de la loi, — parce qu'enfin elle immole le coupable à la justice, et en l'immolant, le purifie, le transforme et le ramène à son état primitif de *pureté* et d'*innocence.* Elle expie le passé, elle sauvegarde l'avenir.

Suivant la nature ou la gravité du fait *punissable,* la peine peut être temporaire ou perpétuelle. — Dans le premier cas, le temps — dans le second, la mort seule en libère.

Mais quoi ! Dans l'un et l'autre cas, la peine serait-elle inflexible et immuable comme la justice qui la prononce ?

La clémence ne pourra-t-elle jamais ni oublier, ni pardonner le crime, ni mitiger la condamnation, ni réduire ou remettre la peine ?

Investie du devoir de punir, la société l'est aussi du droit d'épargner le coupable.

La justice n'est pas infaillible ! ses peines peuvent être excessives, ses arrêts erronés, ses condamnations intempestives ou dangereuses, ses poursuites inopportunes.

Ses rigueurs ont besoin de tempérament, ses erreurs de réparation, ses dangers de prévision.

Mais comment modérer ses rigueurs ? — par la commutation, la remise de la peine, ou la *grâce*.

Comment redresser ses erreurs ? par la *révision* de la sentence.

Comment prévenir ses inconvénients et conjurer ses dangers ? — par le pardon ou l'*amnistie*.

Or, avec l'amnistie, plus de poursuites, plus de crime, plus d'accusation ; avec la révision (1), plus de condamnation ; avec la grâce plus de peine.

Voilà ce que veut la raison et la loi.

Mais s'il y a crime, s'il y a condamnation, s'il y a peine, si la sentence a été rendue, exécutée, subie, que deviendra le condamné ?

Sans doute, créancier rigoureux, la société exigera souvent jusqu'à la dernière obole, capital et intérêts, le paiement intégral de sa créance.

Mais, de deux choses l'une : — ou la sentence n'édictait qu'une peine *principale*, directe, immédiate, expiation corporelle du passé, résultant d'ordinaire de la privation de la

---

(1) En cas d'acquittement ou d'absolution.

vie physique et de la liberté naturelle, et formant comme le capital de la condamnation, — ou bien elle prononçait, en outre, des peines *accessoires*, indirectes, médiates, garanties de l'avenir contre de nouveaux méfaits, et résultant de la privation de la vie et de la liberté civiles, sorte de dommages et intérêts, occasionnés par cette même condamnation.

Dans la première hypothèse, l'expiation de la peine laisse après elles des suites à la fois légales et morales, — l'infamie, le déshonneur, la honte, la méséstime et la déconsidération publique.

Dans la seconde, des suites purement légales, des incapacités, des exclusions, des indignités, des déchéances.

Donc, dans les deux hypothèses, libre de liens physiques, le condamné n'est pourtant pas encore affranchi de ses liens moraux, et à l'expiation de la peine principale survit l'expiation d'une peine accessoire, — légale ou extra-légale.

Mais si l'expiation légale est temporaire, l'expiation extra-légale sera-t-elle perpétuelle ou éternelle ? — oui, éternelle, car la perpétuité, qu'est-ce autre chose que l'éternité du temps ?

Et sauf les crimes emportant des peines perpétuelles, ou la plus perpétuelle de toutes, la mort naturelle, est-il donc des crimes ou des délits légalement inexpiables ?

Grave et délicate question à laquelle ont répondu, en sens contraire, — le polythéisme antique qui, en général, arrêtait la main et abandonnait le cœur de l'homme (1), et le christianisme, non moins jaloux de ses actes que de ses pensées, — l'un par les stigmates de l'infamie, les angoisses du désespoir ou les rites d'une superstition homicide — l'autre par les bienfaits d'une rédemption et d'un pardon divins, par les consolations de l'espérance, et par l'action mystérieuse de sacrements réparateurs.

Non, il n'est pas de crime inexpiable pour le coupable dévoré par le remords, ce bourreau de la conscience, quand ce

---

(1) *Cor contritum et humiliatum, Deus, non despicies.* Psalm. 50, 19.

remords est sanctifié par le repentir, ce *brisement* d'un cœur *humilié* que ne méprise ni la justice divine, ni la justice humaine ! (1)

Et par la même raison, la loi ne peut ni ne doit en reconnaître de tel, quand le coupable qui s'est rédimé de sa peine directe, en la subissant, s'est également rédimé de la peine indirecte, en prouvant qu'elle est désormais inutile et sans objet pour lui.

La rédemption d'un délit en est l'expiation, et l'expiation, c'est le paiement d'une dette sociale.

Or, comment constater l'expiation ?

L'expiation légale, c'est la peine subie, la peine directe et corporelle. Cela se voit, cela se sent : — peine subie, expiation terminée.

Mais il n'en est pas de même de l'expiation extra-légale. Plus morale que matérielle, et, sous bien des rapports, non moins naturelle que légale, — un fait en même temps légal et moral, matériel et sensible, peut seul y mettre un terme.

Ce fai , les Romains l'appelaient *restitutio in integrum*, le moyen-âge *rehabilitatio*, le Droit français, à toutes les époques, *réhabilitation*.

La réhabilitation, c'est donc la quittance entière, définitive, donnée par la société au débiteur qui a payé, tant le *capital* que les *intérêts* de sa dette sociale, *luitione pœnæ :* paiement fait, créance éteinte ; créancier et débiteur sont réciproquement quittes entr'eux, et do l'un à l'autre la dette est censée n'avoir jamais existé ; — *pœna luitur — pœna solvit.*

Et comme la réhabilitation, terme suprême des effets de la condamnation pénale, suppose et la *solutio* de la peine proprement dite, et l'expiation des peines improprement dites, et le succès d'une série d'épreuves destinées à prouver publiquement et le repentir intérieur et l'amendement extérieur du condamné, on peut dire que celui-ci a surabondamment payé

---

(1) Montesquieu. *Esprit des Lois.*

sa dette, et qu'à lui surtout s'applique cette parole d'un jurisconsulte aussi profondément versé dans le Droit romain que dans le Droit canonique et dans notre ancien Droit civil : *solutione æris tollitur obligatio — luitione pœnæ liber reus est* (1).

La *culpa* reste, la *pœna* tombe, et leur conséquence, directe ou indirecte, l'*infamia*, l'*ademptio bonorum*, la suspicion sociale s'évanouissent devant la *restitutio*.

Donc, aux yeux de la philosophie, de la morale et de la loi, la réhabilitation d'un condamné, c'est le prix de sa rançon corporelle et morale, le fruit de son expiation et de son repentir, — c'est sa rédemption.

Voilà pourquoi, plusieurs siècles avant d'être reconnue par les lois, la *restitutio in integrum* des Romains, institution qui tenait de la grâce, de l'amnistie, et de la réhabilitation, fut consacrée, à Rome, par les mœurs. Tite-Live, Senèque, etc., parlent à chaque page d'hommes à qui on a ôté, enlevé, ou qui ont eux-mêmes lavé leur note d'infamie, *infamia*, purgé la tache de leur faute, *culpa*, bien plus, effacé le souvenir de leur crime, *flagitii memoria*.

Voilà pourquoi aussi, à l'instar des Empereurs de Rome et de Byzance, les Princes chrétiens du moyen-âge, s'inspirant et de l'idée rationelle et philosophique du Droit romain moderne, et de l'esprit charitable et chrétien du Droit canonique, substituèrent à l'ancienne *restitutio* criminelle, qui presque toujours remettait la peine et effaçait la condamnation, une institution nouvelle, *sui generis*, qui, moins puissante que la *restitutio in integrum*, mais plus étendue que la simple *indulgentia*, tout en laissant subsister la condamnation et subir la peine, effaçait les conséquences de l'une et de l'autre.

____

(1) Pet. Greg. Tholos. *Syntagma juris*, lib. 22, cap 3.

II

Or, cette institution, expression légale d'un des plus légiti-
mes besoins de l'humanité, consécration d'un droit tout à la
fois naturel et civil, parce qu'il est le droit de la nature humaine, le *droit de l'univers* (1), cette institution, c'est la réhabilitation.

Qu'est-ce à dire ? Ducange la définit : *in integrum restitutio*,
et de plusieurs chartes et manuscrits par lui cités, il résulte
clairement la preuve que la réhabilitation remet la peine comme la grâce, efface l'infamie comme la restitution en entier,
abolit même la condamnation comme la *restitutio* générale ou
abolitio, équivalente à notre amnistie.

Toujours est-il que, dans la langue du moyen-âge, ce mot
signifiait, non pas seulement, reprise *in futurum* des capacités, des facultés, des *idonéités*, des *habilités* possédées par
le condamné avant la sentence judiciaire, mais bien recou-
vrement, *recuperatio*, des droits dont il avait la possession et
l'exercice au jour de sa condamnation, et dont la sentence du
juge lui avait fait perdre et l'exercice et la jouissance.

A l'appui de cette définition, ne puis-je pas, à l'exemple
de Ducange, invoquer un texte des plus concluants ? Voici
des Ecoliers, vagabonds, rebelles, etc.; le Chancelier peut les
exclure de l'Université. Mais qu'ils se repentent, il peut leur
en rouvrir les portes, il peut les réhabiliter ! *potest resecare —
potest rehabilitare.*

Revêtu comme le Christ lui-même, du pouvoir divin, de
lier et de délier, le Pape pouvait dans le même sens, et par
voie de *dispenses* ou d'*absolution*, réhabiliter l'ecclésiastique
exclu *a sacris*, lors même que cet ecclésiastique s'était
souillé d'un crime *infamant* et *public*. Ainsi le voulait cette
Religion de mansuétude, de miséricorde, de pardon et de

---

(1) Montesquieu.

(2) *Glossarium, v° rehabilitatio.*

grâce, dont il était le plus haut Représentant sur cette terre.

Et dès avant l'Ordonnance de 1670, les *Lettres* de *réhabilitation* qui se rattachaient à tout un système de lettres royaux, vrais messages de *bonne nouvelle* pour certains accusés ou certains condamnés, étaient consacrées par plus d'une ordonnance et envoyées par le Roi au condamné qu'il voulait « rétablir en son honneur et droits, biens et *bonne fame* et renommée, ainsi et de la même manière qu'il était avant le jugement de condamnation et sans qu'il pût être réputé avoir encouru en vertu du jugement aucune note d'infamie ou mort civile, » *perendè ac si nec damnatus esset.*

Mais qu'était-ce qu'un pareil *rétablissement ?* Ou je me trompe étrangement, ou ce n'était autre chose que la restitution *in integrum* accordée par des Lettres du Roi, là où le droit romain les octroyait sous forme de rescrits impériaux.

Rétablissement, réhabilitation distincte du droit de grâce, avec lequel il est quelquefois confondu, mais qui, à en juger par la doctrine de quelques auteurs et la jurisprudence de quelques arrêts, remonte du présent au passé, opère un effet rétroactif en faveur du réhabilité, sauf cependant, en thèse générale du moins, les droits des tiers : *jus alio quæsitum* (1).

Restitution in integrum — rehabilitatio, tels sont donc les deux mots, l'un classique, l'autre barbare, sous lesquels nous est parvenue une institution qui avait pour objet de rétablir, de remettre un accusé ou un condamné, ayant déjà ou n'ayant pas encore subi sa peine, dans l'état, les droits, les prérogatives, l'estime et la confiance, l'honneur dont il jouissait avant son accusation ou sa condamnation.

Plus ou moins puissante, suivant qu'elle était générale ou spéciale, prise dans une acception romaine ou moderne, son but fut presque toujours la réintégration d'un accusé ou d'un condamné dans la plénitude des droits dont il était déchu, et des avantages dont il avait été privé.

____

(1) On trouve des exemples du contraire. — Voir les *Conférences* de Bornier.

Sans interroger ni le vieux Droit romain, ni même les Antiquités du Droit français, je la prends telle que je la trouve dans l'une des plus belles ordonnances de Louis XIV, dans l'ordonnance de 1670.

Il est certain que, bien que ne pouvant être confondue ni avec les *lettres* de revision, d'abolition, de grâce ou de commutation de peine, ni avec des lettres de rappel de ban ou de galères, — les lettres de réhabilitation rendaient au condamné qui avait subi sa peine ou à qui sa peine était remise, son honneur, ses biens, sa bonne *fame* et renommée, en d'autres termes, ses biens matériels et ses biens moraux, et, en généra', *tout ce qu'il était*, tout ce qu'il avait avant sa condamnation.

Mais, ce rétablissement, cette restitution fesaient-ils de lui un *nouvel* homme, dont l'existence civile ne datait que du jour de sa réhabilitation, ou bien un homme *renouvelé* dont les Lettres du prince éveillaient les droits endormis, *jus sopitum*, suspendus depuis sa condamnation? Daguesseau avait-il raison de dire que ces mots qu'on lit dans certaines Lettres de réhabilitation — *pour en jouir* (des droits et capacités), *comme auparavant les condamnations et comme si rien ne fut advenu*, se rapportent toujours au temps présent, ou bien ne serait-il pas plus exact d'affirmer, avec plusieurs canonistes et jurisconsultes, que la réhabilitation opérait pour le passé comme pour le présent et pour l'avenir?

A la vérité, la retroactivité de ses effets était contestée par d'autres auteurs, repoussée par plusieurs arrêts, et Daguesseau, si capable de résumer et la doctrine et la jurisprudence de son temps sur cette délicate matière, avoue, en terminant un long et savant plaidoyer (1), que son esprit demeure presque suspendu entre les deux partis contraires.

Le doute — c'est à quoi aboutit ce grand magistrat, et sur une matière analogue, sur les effets des Lettres de *légitimation*,

---

(1) *OEuvres* de Daguesseau, t. V, grande édition in-4°.

un magistrat non mois célèbre, Domat, ne paraît pas être arrivé jusqu'à la certitude. Richer lui-même, l'auteur profond d'un traité sur la *mort civile*, — qui n'a rien laissé échapper de tout ce qui a trait aux effets juridiques de la rétroactivité, Richer m'apprend que le même doute s'élevait parmi ses contemporains, à propos de la sécularisation du clergé régulier.

Et si je parcours les textes du Droit romain et du Droit français relatifs à notre sujet, — ici, parce qu'il ne s'agit pas de fragments isolés, — là, parce que je suis en présence de dispositions peu nombreuses et d'une désespérante concision, je ne trouve, moi aussi, que l'incertitude et le doute.

Mais ce doute ne m'autorise-t-il pas à résoudre affirmativement ma question? Tout considéré, les intérêts civils ou politiques d'un condamné, quand il s'agit d'en déterminer l'état et le caractère juridiques, d'après la nature de sa condamnation, ne doivent-ils pas être régis par les principes de l'interprétation pénale : *in dubiis benigniora* (1), etc.?

Quoi qu'il en soit, voyons maintenant ce que notre *grande* Assemblée constituante pensa de la réhabilitation.

Sauf quelques modifications de forme et le déplacement de son principe, elle ne toucha point à ses effets, — ou plus exactement, faisant table rase des variations du passé, elle posa pour l'avenir une règle fixe, immuable, absolue, insusceptible d'interprétations diverses ; elle voulut que « la réhabilitation fît cesser dans la personne du condamné tous les *effets* et *toutes* les *incapacités* résultant de la condamnation (2). »

Méditons un instant ce texte.

La réhabilitation *fait cesser*!... Il y a donc quelque chose qui a duré depuis la condamnation jusqu'à la réhabilitation, qui a commencé avec l'exécution de la sentence du juge et qui finit avec les lettres du Prince, cette sentence du souverain en per-

______

(1) Beneficium imperatoris quàm benignissime interpretari debemus, L. 3. D. de Const. princip. C'est ce que développe admirablement Cujas.

(2) Loi ou Code pénal du 25 septembre 1791, tit. VII, art. 10. — Conf. tit. IV, art. 1er.

sonne! Ce quelque chose, ce sont les effets et les incapacités résultant de la condamnation.

Ainsi, ces effets et ces incapacités n'ont eu qu'une durée limitée, provisoire, enfermée entre la condamnation et la réhabilitation ; de sorte que les résultats de la condamnation cessant d'être, disparaissant devant la réhabilitation, comme les ténèbres devant la lumière, et ne constituant que la conséquence, — directe de la peine, — indirecte de la condamnation, tout ce qui s'est passé entre la chute du condamné et son relèvement, doit être, ce semble, effacé, aboli, anéanti, non avenu.

Il y a eu un criminel épisode dans la vie du condamné, une déplorable, mais momentanée, *solution de continuité* dans la jouissance et l'exercice de ses droits, une suspension d'honneur et d'estime publique. Mais l'expiation de sa peine, sa régénération et son amendement en ont légalement effacé jusqu'au dernier vestige, et si son passé subsiste encore en fait, il est anéanti en droit.

Oui, en droit, en droit rigoureux! car il ne s'agit pas ici de lettres de *grâce*, mais bien comme l'enseignent nos vieux auteurs et notamment Bacquet et Chopin, de lettres de justice (1).

De là une conséquence importante : le réhabilité a repris sa place au soleil; il est rentré dans la société, libre, franc et quitte de toute dette sociale. On ne peut, sans injustice, lui reprocher un passé qui n'est plus, il a repris les droits, les capacités, les avantages qu'il avait perdus, la réhabilitation lui rend tout ce que la condamnation lui avait ôté.

De là encore, et toujours *à priori*, cette conséquence qu'à moins que la loi ne lui dise formellement, nettement, sans épuivoque : « Tu est *devenu* un autre homme » il pourra soutenir qu'il est *redevenu* le même *homme*.

De là cette dernière conséquence qu'au lieu de *renaître* à

____

(1) *Restitutiones justitiæ.*

la vie civile ou politique, il y *ressuscite*; il continue d'y vivre comme si sa vie première n'avait été que suspendue.

Mais revenons à mon texte. Fils des Ordonnances, il est en même temps le père de l'art. 634 de notre Code d'instruction criminelle.

Et en effet, cet article dispose dans son premier alinéa, auquel n'a pas touché la loi du 3 juillet 1852, « que la réhabilition fait cesser pour l'avenir, dans la personnes du condamné toutes les incapacités qui résultaient de la condamnation. »

Il n'est que la reproduction d'une disposition du code pénal de 1791, plus les mots *pour l'avenir*, moins les mots *tous les effets*.

Que conclure du retranchement de ces derniers, — intervenu après plusieurs délibérations, sur l'observation du conseiller d'Etat, Pelet (de la Lozère), que la réhabilitation ne devait pas restituer au condamné les amendes, dommages-intérêts et condamnations civiles prononcées par la sentence? — Que la réhabilitation du code pénal de 1809 ne détruit pas, comme celle de 1791, tous les effets de la condamnation autres que ceux que je viens de mentionner?

Ce serait attacher une importance capitale à une observation qui n'en a qu'une très secondaire, à laquelle la loi de 1791, à l'exemple de l'Ordonnance de 1670, donna pleine satisfaction, — et qui, les procès-verbaux du Conseil d'Etat le constate, fut faite au pas de course, non à titre d'innovation ou de modification au Code pénal de 1791, mais simplement à titre d'explication et de précision.

Et ce qui démontre que les effets civils de la condamnation étaient seuls soustraits par le nouveau législateur à l'action de la réhabilitation, c'est que l'une des plus graves conséquences pénales de certaines condamnations, la *marque*, était, aux termes des mêmes procès-verbaux, détruite par la réhabilitation !

Que voulait donc Pelet (de la Lozère) ? ce que veut explicitement l'article 623 de notre Code pénal, ce que voulait implicitement la loi de 1791, — que les amendes, frais, etc., ne fussent pas restitués au condamné ; que, comme le disait Réal, le condamné fût quitte envers la loi, quitte envers le fisc, quitte envers les particuliers !

Qu'on ne prétende donc pas, avec plusieurs de nos criminalistes les plus distingués de notre temps, que le retranchement dont je parle, avait pour objet d'autres effets que des effets tout *pécuniaires*, sans caractère *pénal* ! — Telle n'était pas la pensée de Pelet (de la Lozère), telle n'était pas surtout celle de Treilhard, qui, répondant à son observation, voulait que tout, dans les suites pénales de la condamnation,— ce qui n'était douteux pour personne, que tout, dis-je, même les pertes pécuniaires ou civiles, — que tout fût effacé par la réhabilitation.

III

Or, je soutiens que la réhabilitation française, la réhabilitation de notre Code d'instruction criminelle, opère spécialement à l'égard du droit de décoration, de la même façon que la réhabilitation de Ducange ; — que, partant, le légionnaire dépouillé de sa croix après sa condamnation, soit en vertu de la sentence qui le condamne, soit par suite d'un décret d'exclusion, reprend le droit de la porter par le seul fait de sa réhabilitation.

Qu'oppose-t-on à cette thèse ?

Plusieurs objections qu'il m'importe, avant tout, d'écarter ; — car les objections sont pour la science, ce que sont les scrupules pour la conscience, — des pierres, des obstacles dont il faut déblayer le chemin de la vérité.

On nous dit :

La réhabilitation, que vous la preniez dans un sens juridique ou étymologique, ce n'est ni la restitution en entier, ni la réintégration, ni la récupération de droits précédemment perdus.— La réhabilitation, telle que l'entend la loi française, d'accord avec le sens littéral du mot *rehabilitare*, (*rursùs habilitare*,) et non *redhibere*, (*rursus habere*), — la réhabilita-tion, c'est tout simplement un moyen de ravoir désormais des capacités dont on a été privé par une condamnation, et dont on pouvait jouir avant cette condamnation — Elle vous rend *habile* et apte à jouir *des* droits, mais elle ne vous rend pas *les* droits que vous aviez — Elle fait de vous un nouvel homme, un nouveau citoyen, elle vous recrée, elle vous régénère, elle vous donne un nouvel être — Elle vous vous dit : Vous étiez devenu inhabile à exercer tels droits, indigne de remplir telles fonctions, de jouir de tels honneurs, — A partir de ce jour, je vous rends de nouveau habile à redevenir ce que vous étiez : car la condamnation n'avait pas seulement suspendu, mais encore brisé votre existence civique et civile ! — La réhabilitation vous ressuscite, soit ! mais en vous ressuscitant, elle ne rejoint pas le présent au passé : votre mort juridique est un fait accompli ; on peut bien détruire les conséquences d'un fait, mais le fait lui-même, nulle puissance, pas même la puissance divine, ne peut l'anéantir !

Pour qu'il en fût autrement, il faudrait que le législateur français eût fait ce que faisaient les Empereurs romains par la *restitutio in integrum*, ou les anciens Rois de France par les lettres d'abolition, ou quelquefois de réhabilitation. Or, il ne fait pas même ce que fit l'Assemblée constituante de 1791 — Sa réhabilitation ne remet ni le crime, comme l'*abolition*, ni même la peine, comme la *grâce* — Elle n'efface ni la condamnation, ni les effets, ou du moins, tous les effets de la peine, ni même les incapacités qui en résultent — Elle se contente de les faire cesser à l'avenir.

Cela posé, comment l'exclusion de votre Légionnaire s'évanouirait-elle devant sa réhabilitation ? — L'exclusion, c'est plus qu'une incapacité, c'est plus qu'une indignité, c'est une sorte de dégradation, une destitution, la perte définitive, irréparable d'un droit ! — Donc, vouloir que la réhabilitation efface l'exclusion, c'est vouloir qu'elle efface le plus, quand elle ne peut effacer que le moins, c'est vouloir l'impossible, et dans tous les cas, ce que n'a pas voulu la loi !

— Et d'ailleurs, voyez les conséquences de votre prétendu principe ! La condamnation de votre légionnaire a entraîné son exclusion de la Légion-d'Honneur ; pourquoi ? Evidemment parce que le Chef de l'Etat, le Conseil de la Légion entendu, a pensé que la nature du fait jugé et la gravité de la peine appliquée rendaient cette mesure nécessaire (1). — Et vous voulez qu'en vertu de ses lettres de réhabilitation, cet homme, transfuge de l'honneur, puisse rentrer, ait le droit de rentrer dans le sein ·de la Légion-d'Honneur !!! Mais alors, en fait, sinon en droit, dans l'opinion publique, sinon aux termes de la loi, vous souillez la chose la plus pure, vous ternissez l'éclat de l'institution la plus immaculée, vous jetez plus que des soupçons, vous jetez de la boue, — la honte, le déshonneur, au visage de la femme de César ! Vous imprimez une tache indélébile à une compagnie, à un Ordre sans tache ! Avez-vous donc oublié que l'honneur, une fois blessé, ne se répare pas, ou, comme dit naïvement Loyseau, que (2), semblable à la pudicité de la femme, l'honneur de l'homme, et, à plus forte raison, du Légionnaire, étant une fois perdu, ne se recouvre plus ?

— Il est si vrai que la réhabilitation laisse intact le décret d'exclusion, que la Cour suprême n'a pas hésité à soustraire à ses effets la destitution d'un fonctionnaire, d'un notaire, prononcée par jugement, en vertu d'un arrêt infâmant de cour d'assises, contre lequel ce fonctionnaire s'était postérieurement fait réhabiliter.

Et d'ailleurs, quand même la réhabilitation ferait cesser les effets comme les incapacités résultant de la condamnation, cela ne devrait s'entendre que des effets civils, civiques ou politiques, jamais des effets purement administratifs ou disciplinaires, tels que l'exclusion par décret.

---

(1) Décret organisateur de la Légion-d'Honneur, 1852.

(2) Loyseau — *Traité des Offices.*

— Est-ce tout? — L'exclusion de la Légion-d'Honneur est moins une peine que la privation d'un honneur, moins la perte d'un droit que la privation d'un avantage social.

— Un décret ôte la croix : un décret seul peut la rendre ! — Où est le texte qui donne aux lettres de réhabilitation la vertu de tenir lieu d'un décret de réintégration?

— Mais, au surplus, pourquoi n'en serait-il pas de l'honneur militaire et civil comme de l'honneur commercial ? la réhabilitation d'un failli est distincte et indépendante de la réhabilitation d'un condamné. — N'est-il pas rationnel qu'un légionnaire ne puisse pas plus rentrer dans sa légion en vertu de la réhabilitation civile, que *certains* faillis dans la société des commerçants, en vertu de la réhabilitation commerciale (1) ?

— Admettons, si vous le voulez, que la réhabilitation puisse rendre sa décoration au légionnaire exclu par un décret *forcé*, c'est-à-dire, résultant nécessairement du vu d'un arrêt ou jugement de condamnation infâmante, et cela parce que ce décret serait l'effet de cette [condamnation ! — il n'en serait, à coup sûr, pas de même dans le cas d'un décret *facultatif*, c'est-à-dire résultant de la libre appréciation d'un jugement non infâmant — par la raison qu'un pareil décret ne saurait être réputé l'effet d'un pareil jugement.

— Dernière objection ! — La réhabilitation ne s'étend pas au passé; — elle n'a pas d'effet rétroactif — Elle laisse donc subsister le fait accompli, à savoir, le fait de la condamnation et de la peine principale. Et les incapacités et les suites de cette condamnation et de cette peine... tout cela subsiste jusqu'au jour de la réhabilitation, mais à partir de ce jour seulement.

— Ainsi, malgré la réhabilitation, le décret d'exclusion reste debout, et le légionnaire exclu reste exclu ! — Il peut regagner une *autre* croix : mais il ne peut reporter *sa* croix, ou plutôt la croix qui fut la sienne.

— Mais à quoi bon grossir le nombre de nos objections ?

---

(1) V. art. 612 Code de commerce.

la nature des choses, l'opinion, *Reine* de la Légion-d'Honneur,
les traditions de l'honneur français, les mœurs et les habitu-
des françaises, s'opposent invinciblement à ce que votre décret
d'exclusion s'incline devant vos lettres de réhabilitation! — Ne
peut-on pas dire de l'honneur ce qu'on a dit de la vertu (1)?
— Et n'en serait-ce pas assez pour fermer à jamais à votre
ex-légionnaire les portes de la Légion-d'Honneur?

Voilà les principales objections de mes adversaires! Je ne
les ai ni dissimulées, ni affaiblies ; — j'ai hâte de les combattre.

IV.

Est-il vrai que notre réhabilitation n'ait pas, ou presque pas
de points de contact et d'identité avec la *restitutio in integrum,*
ou la *plena indulgentia* des Romains?

Je réponds négativement, et je crois l'avoir déjà démontré.
Mais puisqu'il le faut, insistons encore un instant sur l'élément
historique de ma thèse.

Je dis donc que le *restitutio* des Romains, tout comme le
rehabilitatio du droit canonique, la réhabilitation de notre
ancien droit et celle de notre Code d'instruction criminelle,
fesait, en général, cesser tous les effets de la condamnation,
sauf la condamnation elle-même.

Je dis *sauf la condamnation* ; car c'est en cela que le *res-*
titutio diffère principalement de la grâce du prince, *indul-*
gentia, objet direct de la condamnation, qui, suivant qu'elle
précède ou suit l'exécution de la sentence, remet ou non la
peine avec les effets de la peine.

Or, quels étaient, chez les Romains, les effets d'une condamnation judiciaire, autres que la peine proprement dite?
C'étaient, entr'autres choses, *l'infamia* qui entraînait une
status minutio ou *capitis diminutio*, espèce de dégradation

---

(1) *La vertu, c'est une île escarpée,* etc.

civile et civique, et emportait, suivant le cas, la perte de la liberté, de la cité et de la famille, ou seulement la perte de la liberté et de la cité.

Au citoyen frappé d'une pareille condamnation, le Droit romain offrait, sous l'Empire, ou la grâce, *indulgentia*, ou la *restitutio in integrum*, qui le rétablissait plus ou moins pleinement dans les droits, dignités et honneurs qu'il possédait au moment de la condamnation.

Notre ancien Droit n'était pas moins généreux. A l'aide de *Lettres royaux*, il arrivait au même résultat que le Droit romain. Parmi ces lettres, figuraient celles de réhabilitation, acte émanant du Souverain « qui rétablissait le condamné qui avait subi sa peine, en tous ses biens, honneur, bonne *fame* et renommée, tout ainsi qu'il était avant le jugement de condamnation, sans que pour icelle il puisse lui être imputé aucune incapacité ni aucune note d'infamie, lesquelles demeurent ostées et effacées. »

De sorte, ajoute Carnot, qu'il rentrait dans la société avec les mêmes droits que s'il n'avait jamais essuyé de condamnation.

Je tiens donc pour certain que la loi de 1791, presque littéralement reproduite par notre Code d'Instruction criminelle, efface aujourd'hui, tout comme la réhabilitation sous l'Ordonnance, et fait cesser tous les effets de la condamnation.

Mais les efface-t-elle pour le passé comme pour l'avenir?

Oui, malgré le silence du Code à cet égard, oui, malgré l'argument à *contrario* qu'on peut tirer de son langage (1) !

Je ne parle ni des effets civils, ni même de la peine : effets civils et peines qui, sauf le cas de commutation ou de grâce, et pour la peine seulement, sont un fait accompli. Je ne parle que des conséquences indirectes de la condamnation, des effets de la peine. — Quels sont ces effets ? la flétrissure,

---

(1) Code d'inst., art. 634.

l'infamie, jadis rendue, matériellement rendue indélébile par la *marque*. — Mais ces effets sont-ils réellement effacés par la réhabilitation ? — Qui pourrait en douter ? c'est là, c'est là le caractère moral, l'intérêt public (1), le but de la réhabilitation ! — Consultez les motifs de la loi de 1809 et de 1852 ! le législateur a pensé que, par sa bonne conduite, le condamné, même à une peine afflictive et infâmante, se *recréait*, se rétablissait dans la société d'où il avait été exclu, y recouvrait sa place entière, effaçait de son front la tache d'infamie dont il avait été couvert ; — que désormais débarrassé de tous liens d'incapacité, — lavé de toute note d'infamie, il méritait de rentrer dans sa famille, au milieu de ses concitoyens, digne qu'il était de l'affection de l'une et de la confiance des autres.

Ainsi : *restitution* sociale, restitution civile, restitution domestique, — voilà ce qu'est en France la réhabilitation.

Ce n'est pas tout. — Elle ne fait pas cesser que les effets qui se résument dans la perte des droits dont le condamné était en possession au jour de sa condamnation. — Elle fait cesser aussi ceux qui ne sont autre chose que l'interdiction temporaire de droits qu'il ne possédait pas, mais qu'il avait la faculté d'acquérir ; elle fait cesser les *incapacités*.

Droits et capacités, deux choses profondément distinctes. Le droit, c'est ce que j'ai, ce que je possède, — la capacité, c'est l'aptitude à l'avoir ou à le posséder : l'un, c'est le présent, ce qui est ; l'autre, c'est l'avenir, ce qui peut être.

On les confond souvent dans le langage : mais ils ne restent pas moins séparés par leur nature.

Pour s'en convaincre, je n'ai qu'à lire les art. 34 et 42 du Code pénal.

Et il ressort de la discussion de la loi de 1852 sur la réhabilitation que, dans l'esprit du législateur, privations de droits ou privations de capacités, résultats directs et résultats

---

(1) Tit. VII du Code d'instr. crim. *De quelques objets d'intérêt public.* — L'un de ces objets, c'est la *réhabilitation.*

indirects de la condamnation, peines proprement dites ou improprement dites, principales ou accessoires, telles que la dégradation civique et la surveillance de la haute police, tout cela est placé sous l'empire de la réhabilitation.

Qu'est-ce à dire ? sinon qu'après la réhabilitation, tous ces effets, tous ces résultats, quelque nom qu'on leur donne, restent impuissants, *cela sine ictu*, et cessent d'exister !

Je m'explique : car c'est ici le nœud de mon problème.

Il est pour le juge des incapacités impératives, d'autres simplement facultatives.

Parmi les premières, sont, entr'autres, celles résultant de la dégradation civique, de cette peine ou effet de peine, suivant le cas, qu'un des orateurs, entendus dans la discussion de la loi de 1852, a si bien nommée *une collection* d'incapacités. — L'art. 34 du Code pénal les fait connaître.

Les secondes sont énumérées dans l'art. 42 du même Code.

Par la réhabilitation, le dégradé civiquement reprend sa capacité d'électeur, d'éligible, de témoin instrumentaire et judiciaire, etc.

De son côté, le condamné correctionnellement recouvre certaines capacités analogues ou identiques.

Or, remarquons-le bien, ce sont là de véritables capacités. — Celui qui les a, *peut* devenir ce qu'il n'est pas. Cette puissance de devenir, c'est, en d'autres termes, l'aptitude légale. — La condamnation l'avait ôtée, la réhabilitation la rend. — Pas de doute à cet égard.

Mais est-il également certain qu'elle rend au réhabilité, non plus simplement les capacités ou facultés, mais encore, ce qui est bien différent, les droits, non plus en *puissance*, mais *en être*, au moment de la condamnation, et dont l'avait privé cette condamnation, — tels, par exemple, que le droit de porter une décoration, le droit de remplir certains emplois, le droit de port d'armes, etc. ?

Je suppose que non : — mais alors, qu'adviendrait-il ?

Le condamné destitué, exclu ou privé de ces droits, que gagne-t-il à être réhabilité ? L'avantage de voir cesser à l'avenir... quoi donc ? L'incapacité de jouir de ces droits ? Evidemment, non ! Je viens de dire que ces droits ne sont pas, ne peuvent pas être des incapacités ! Eh ! quoi, alors ? La privation, la destitution ou l'exclusion de ces droits ? Oui, répond la logique, puisque les incapacités diffèrent de ces droits, qui n'en sont pas moins d'incontestables effets de la condamnation !

— Mais le Droit, mais la Loi, mais la Raison, cette loi tacite (1), sont-ils d'accord avec la logique ?

Question grave et décisive ! Si *non*, nulle différence entre la capacité d'avoir ce qu'on n'a pas, et la jouissace de ce que l'on a, — ce qui est inadmissible. — Si *oui*, vous êtes forcé de convenir que la réhabilitation, faisant cesser, malgré les termes peu précis dont la loi se sert pour indiquer les capacités et les droits, les incapacités et les privations de droit dont parlent les articles 34 et 42 du Code pénal, fait en réalité reprendre au réhabilité, et les capacités et les droits qu'il avait perdus, — les capacités pour l'avenir, puisqu'elles ne sont que la faculté d'être ce qu'on est pas encore, — les droits pour le passé, puisque ces droits étaient présents, certains, nés et actuels, à l'instant de la condamnation.

Et, en effet, qu'est-ce que faire cesser une incapacité ? — si ce n'est rendre capable de faire ce qu'on ne pouvait faire, — ce qui implique l'idée d'avenir ; et qu'est-ce que faire cesser une privation de droit, une exclusion, une destitution, si ce n'est faire *continuer* la possession de ces droits, la jouissance ou l'exercice de tel emploi ou de telle fonction, — ce qui implique tout à la fois l'idée d'avenir et l'idée de passé ?

Or, un droit, une fonction, un emploi qui *continuent* d'être, ont bien pu être suspendus dans leur *énergie*, dans leur exercice, mais non dans leur existence. Si donc cette sus-

---

(1) Ratio naturalis, quasi lex quidem tacita. — D. lib. 48, tit. 20-7.

pension, cette simple cessation (et non cette extinction) vient
à cesser, ils redeviennent ce qu'ils étaient, quand le condamné
a cessé d'en jouir, — et celui-ci les reprend tels qu'ils étaient,
quand a commencé l'exécution de sa condamnation.

D'où la conséquence que la réhabilitation, en ce qui con-
cerne les droits du condamné, entendus dans le sens que je
viens de donner à ce mot, équivaut à la *restitutio in integrum*, à la réintégration des Romains, — et qu'ainsi le Légionnaire, exclu de la Légion *devrait* y reprendre son rang.
Cette conséquence me paraît légitime, parce que je la crois
nécessaire.

Or, ne sera-t-elle pas l'un et l'autre, si je prouve : 1° que
l'exclusion, ou le décret d'exclusion de la Légion, est un effet
de la condamnation ; 2° qu'en l'absence de tout texte contraire, la *cessation* de cet effet rétroagit véritablement sur le
passé, tout en respectant l'intervalle entre la condamnation et
la réhabilitation ?

Que l'exclusion découle de la condamnation, comme la
conséquence de son principe, c'est ce dont il n'est guère permis de douter ! Sans doute, cette exclusion n'en émane pas
toujours aussi directement que la peine principale ; — mais
principale ou non, par cela seul que la peine, en général, s'at-
tache à la condamnation comme la peine de la dégradation
civique en particulier, laquelle est tantôt principale, tantôt
accessoire, — qu'elle soit une *pœna* proprement dite, ou, pour
parler comme Loyseau, un *quoddam genus pœnæ*, elle est une
peine, une peine résultant de la condamnation, et cela me
suffit. Mais l'art. 34 du Code pénal, en cas de dégradation
civique, n'exclut-il pas à titre de peine, tantôt principale, tantôt
accessoire, — de tout emploi, office, fonctions, et du droit de
porter aucune décoration ? — Survienne la réhabilitation ! elle
fera cesser, cela est incontestable et même incontesté, l'interdiction, la privation du droit de décoration. — Le réhabilité jouira donc de nouveau de *son* droit de décoré, de ce
droit qui, quoique perdu pour toujours, *in perpetuum*, par l'ef-

fet de la sentence de condamnation, s'est trouvé ne l'avoir été que temporairement , *ad tempus*, par celui de la réhabilitation !

Et ce que je dis de la dégradation civique ordinaire, pourquoi ne le dirais-je pas, avec le même texte, et avec le texte des deux derniers décrets sur l'organisation et la discipline de la Légion-d'Honneur (1), de cette dégradation civile ou militaire qui doit être prononcée immédiatement après la condamnation contre tout légionnaire condamné à une peine infâmante ?

Dira-t-on qu'à supposer que cela fût vrai, je ne pourrais l'appliquer au cas de condamnations correctionnelles ou de police, qui n'entraînent jamais ni la dégradation civique, ni la dégradation extraordinaire du légionnaire ?

Mais qu'on lise l'art. 46 du décret du 16 mars 1852 ! Cet article veut que sur le vu du jugement correctionnel ou de simple police, le Chef de l'Etat puisse, suivant les circonstances, exclure le condamné de la Légion-d'Honneur. Or, quel est la cause première, le fait générateur de cette exclusion ? — Evidemment, le jugement de condamnation.

M'objectera-t-on qu'à la différence de la dégradation résultant de la condamnation à une peine infâmante, cette exclusion n'est pas prononcée par le juge lui-même ! Eh ! qu'importe ! — Ce n'est là qu'une question de temps ! — elle n'est pas prononcée par jugement, c'est vrai ! Mais elle l'est par décret fondé sur le vu du jugement. — Et puis, ne subtilisons pas ! Ne suffit-il pas qu'un peu plus tôt, un peu plus tard, le jugement ait donné naissance au décret d'exclusion ?

—Mais le décret d'exclusion est un fait de souveraineté qui ne peut être anéanti que par un autre fait de souveraineté, — Voulez-vous dire par là qu'un décret ayant *exclu*, un décret seul peut *réinclure ?* — D'accord ! — Mais n'essayez pas d'emporter le fond par la forme ! — Si un légionnaire, en vertu de la réhabilitation, a le droit d'être rétabli, *ipso facto*, dans

---

la Légion d'où un décret l'a fait sortir, il faudra bien qu'un nouveau décret l'y fasse rentrer ! — Considération de forme que cela ! — Je vous ramène au fond de ma question.

Vous voulez donc dire, sans doute, que la réhabilitation n'anéantit pas le décret d'exclusion — et cela, parce que ce décret est un acte de souveraineté !

Mais de grâce, les lettres de réhabilitation, — ces lettres revêtues jadis du grand Sceau, émanant aujourd'hui comme alors de la libre et souveraine autorité du Prince, et par lui délivrées dans des cas spéciaux et sous des conditions rigoureuses, — après enquêtes, administrative et judiciaire, avis favorable d'une cour souveraine, et consultation, si c'est nécessaire, du tribunal qui avait condamné la réhabilité, ces lettres, dis-je, ne sont-elles pas, elles aussi, un acte de souveraineté ?

On me dira encore : Prenez-garde ! la condamnation infamante dégrade, ou exclut le légionnaire *ipso jore* ; — à la rigueur, on comprendrait que l'exclusion qui la suit nécessairement, fatalement, fût un effet de cette condamnation. Mais rien de semblable pour l'exclusion à la suite d'une condamnation non infamante. — L'exclusion, assurément, est prononcée sur le vu de la sentence : mais elle n'est pas nécessaire ; elle dépend de la gravité du délit, et de la nature de la peine, et si elle est prononcée, c'est moins en vertu de l'appréciation du juge que de l'appréciation du chef de l'Etat. Donc, il n'est pas exact de dire qu'elle soit l'effet de la première, — et il est certain qu'elle est l'effet de la seconde. — Donc, votre réhabilitation qui ne fait tomber que les effets du jugement, laisse debout et le décret, et l'exclusion résultant de ce décret.

Cette argumentation est-elle sérieuse ? Qu'on subtilise tant qu'on voudra ! on ne détruira pas ce fait — que directement, en cas de condamnation infamante ; indirectement, en cas de condamnation non infamante, le décret d'exclusion résulte, est l'effet de la condamnation.

Ce qui le prouve, c'est que semblable à cette sentence dont

parle l'historien Socrate (1), rendue *sine defensione*, le décret d'exclusion est prononcé de plein droit, par le seul fait d'une condamnation infâmante, sans que le légionnaire exclu soit préalablement *ouï*.

Ce qui le prouve encore, c'est qu'en cas de simple condamnation correctionnelle, le légionnaire n'est pas davantage entendu. — Donc, dans les deux hypothèses, la sentence judiciaire est la cause génératrice du décret d'exclusion ! Le Chef de l'Etat, avant de statuer sur le légionnaire condamné, entend le Conseil de la Légion-d'Honneur ! — Sans doute ! — mais avant de parler, avant de délibérer, avant de décider, le Conseil voit, le Chef de l'Etat voit... le jugement. Le jugement ? là est l'origine, là est le principe, là est, en un sens, la seule et véritable cause du décret d'exclusion, le jugement qui constate la *nature du délit* et la *gravité de la peine !*

Donc, à ne considérer que la logique, et, ce qui vaut mieux qu'elle, la nature des choses, l'exclusion n'étant que le résultat, l'effet, — direct ou indirect, (la loi ne distingue pas), de la condamnation, si cet effet, si ce résultat cesse en vertu de la réhabilitation, l'exclusion doit aussi incontestablement cesser.

— Oui, insiste-t-on, oui, mais seulement pour l'avenir ! Donc elle ne cesse pas pour le passé ! — Que désormais votre légionnaire puisse le redevenir encore, c'est possible ! et nous le pensons ; mais qu'il le *resoit*, s'il est permis de se servir de ce mot barbare, ou plutôt qu'il continue de l'être comme il l'était avant sa flétrissure judiciaire, c'est ce que nous nions avec le texte formel de la loi, avec les traditions, avec les nécessités morales de l'Ordre de la Légion-d'Honneur.

A mon tour, je nie cette conséquence ; je la nie en droit, je la nie en fait.

J'ai là, sous la main, à la page 190 du tome 28, de la *Législation criminelle* de Locré, l'avis célèbre du Conseil d'Etat, du 8 janvier 1823, rendu en réunion solennelle de trois de

---

(1) Dans sa Continuation de l'*Histoire ecclésiastique* d'Eusèbe.

ses principaux Comités. — Cet avis décide que les militaires retraités, condamnés à des peines afflictives ou infâmantes qui ont subi leur jugement, peuvent être remis en jouissance de leurs pensions, s'ils justifient de leur réhabilitation.

Or, c'est le Conseil d'Etat, et après lui, l'art. 27 de la loi du 9 juin 1853 qui le dit ; il s'agit là du rétablissement du droit à une pension perdue, — d'une pension due, — perdue et non suspendue par l'effet d'une condamnation afflictive ou infâmante.

N'est-ce pas là, si jamais il en fût, un effet rétroactif de la réhabilitation ? — Dire que la réhabilitation fait cesser non plus seulement l'incapacité d'un droit, mais la privation de ce droit, — n'est-ce pas dire, en d'autres termes, qu'elle fait recouvrer, *recuperare*, ce droit, quel qu'il soit d'ailleurs ? car la loi ne distingue pas le droit qui, par l'effet de la réhabilitation, se trouve avoir cessé non pas d'être, mais d'agir, — avoir été suspendu et non perdu.

Non qu'à s'en rapporter au moment de la condamnation, il ne fût réellement perdu ! — la perte de ce droit était une peine ou un effet de la peine, et de soi la peine est généralement perpétuelle ; — mais parce que la réhabilitation survenant, cette perte ou cette peine est réputée n'avoir été infligée qu'à temps, jusqu'à la réhabilitation.

Donc, bien que *perdu*, et non pas simplement *suspendu* par l'effet de la condamnation, un droit peut n'être en réalité que suspendu par l'effet de la réhabilitation.

— Mais alors, me dira-t-on, que devient cette distinction fondamentale, consacrée par une foule de textes, entre la suspension et la perte d'un droit, la suspension et la perte d'une qualité? — Ce que demande la nature des choses, ce que veut le législateur ! elle reste ce qu'elle est normalement en soi, et pour les cas ordinaires : *de eo quod plerumque fit !*

Mais elle tombe, elle n'a plus de raison d'être dans le cas extraordinaire, exceptionnel, de réhabilitation ; voilà tout !

On se prévaudra sans doute encore du caractère de perpétuité, de fait définitif, de fait *accompli*, attaché par la raison et par la loi au décret d'exclusion.

— Mais quoi de plus définitif, de plus accompli, de plus perpétuel que la perte de la qualité de citoyen français ? Et cependant, nul ne le conteste, cette perte n'est pas irréparable ! La réhabilitation l'anéantit.

La réhabilitation l'anéantit ! Et dans quel cas, s'il vous plaît ? Dans le cas où elle a été précédée de la dégradation, dans le cas où la justice déclare publiquement au condamné qu'il a cessé d'être membre de la Légion-d'Honneur !

Mais cette dégradation, toute médiale, la réhabilitation n'a pas prise sur elle, comme sur la dégradation civique. — Et pourquoi pas ? N'est-elle pas une forme et un élément de cette dégradation ? Lisez le paragraphe 2 de l'art. 34 du Code pénal ! — La privation, ou la perte, ou l'exclusion du droit de porter une décoration, ne suppose-t-elle pas la privation, la perte ou l'exclusion de la décoration elle-même, et, dès-lors, n'est-ce pas là la même chose ?

Essaiera-t-on, par raisonnement d'analogie, de soutenir que, de même que, dans certains cas, l'instituteur est à jamais exclu de l'enseignement, le Légionnaire est à jamais exclu de la Légion-d'Honneur ? — Je répondrai qu'entre ces deux situations il n'y a pas d'analogie possible ; que l'exclusion de l'instituteur, dans le sens de la loi de 1833, exclusion qui n'est que l'incapacité d'entrer dans l'enseignement, diffère de l'exclusion de notre légionnaire, qui est pour lui la perte d'un droit acquis, l'obligation de sortir de la Légion, ou la destitution. — Qu'au reste, cette exclusion, qui est, disait M. Langlais, rapporteur de la loi de 1852 sur la réhabilitation, une tache que le repentir ne saurait effacer, que cette cette exclusion, dis-je, la seule qu'on ait proposé, lors de la discussion de cette loi, de soustraire à l'influence de la réhabilitation, lui est restée soumise... « jusqu'à la loi prochaine de l'enseignement. »

Au surplus, et ceci mérite une attention particulière, je ne trouve qu'une exception, exception unique à la généralité de la règle posée dans l'art. 634 du Code d'instruction criminelle, et elle est relative aux individus qui, déjà condamnés pour un crime, auront commis un second crime, et subi une condamnation à une peine afflictive ou infâmante.

Hors de là, tout condamné peut être admis à la réhabilitation. — De quel droit, en vertu de quel texte prétendrait-on que le Légionnaire ne l'est pas ?

Oh ! je sais bien qu'on tentera d'échapper à cette argumentation, en invoquant, à défaut de texte en faveur de la Légion-d'Honneur, les traditions, les usages, cette opinion publique, ce je ne sais quel instinct national qui veut que dans ses rangs, comme dans le royaume des cieux, rien d'impur, rien de souillé ne puisse ni entrer ni demeurer ; — qu'il répugne à l'honneur français, à l'esprit de l'institution de la Légion-d'Honneur, que l'homme flétri par la justice et l'opinion puisse jamais en être membre !

Mais n'ai-je pas démontré que, bien que la réhabilitation n'efface pas complètement la condamnation elle-même, (un fait est ou n'est pas,) elle en détruit les suites, les effets légaux et, autant que possible, moraux. — Et puis, le sincère retour au bien n'est-il peut-être pas plus difficile et partant plus méritoire que n'a été coupable sa désertion et son abandon ? Est-il, au point de vue de l'honneur, quelque chose de plus délicat, de plus chatouilleux que le Commerce et que l'Armée ? — Eh ! bien, il n'est pas sûr que la réhabilitation n'efface pas l'indignité de servir, prononcée dans les cas odieux prévus par la loi (1), et il est certain que le banqueroutier frauduleux peut être réhabilité ; — d'où je pourrais conclure que les rangs de l'armée et du commerce, fermés à l'indigne ou au banqueroutier frauduleux par une sentence judiciaire, se rouvrent *secundum quid* devant eux, par l'effet de la réhabilitation.

— Mais, répondra-t-on, quand même il en serait ainsi,

---

(1) Chénier, *Guide des Tribunaux militaires*, t. 1er, page 185.

avouez que votre exemple, en ce qui touche du moins le banqueroutier frauduleux, ne serait pas heureusement choisi ! Que le banqueroutier puisse être civilement réhabilité, personne ne le conteste ! — Mais vous savez que l'article 612 du Code de commerce l'exclut de la réhabilitation commerciale !

Je l'avoue : mais que suit-il de là? — que toutes les fois que la loi a entendu soustraire un fait punissable aux effets de la réhabilitation, un fait quelconque, l'objet d'une sentence judiciaire, elle a eu soin de le dire. — Or, d'une part, pas de texte qui exclue le Légionnaire déchu, des bienfaits de la réhabilitation, et d'autre part, pas de texte qui, pour lui comme pour le commerçant, établisse une réhabilitation *ad hoc*, une réhabilitation spéciale de Légionnaires ! — Avouez donc à votre tour, que la réhabilitation de droit commun, cette réhabilitation qui efface l'*infamia juris*, efface également l'*infamia facti* — que dès lors, piscine de Siloé, la réhabilitation purifie de toute infamie, et de toute tache, sauf celle des récidivistes en matière de grand criminel, — et je puis dire d'elle ce qu'avec non moins de concision que d'élégance le jurisconsulte romain disait de la grâce : — *tantum ad restitutionem indulgentia valeat quantum ad correctionem sententia valuit* (1).

Me voici en face de la grande objection, de l'objection par excellence, parce qu'elle est tout à la fois, un argument de droit et une considération de fait. — Le décret qui exclut de la Légion-d'Honneur, c'est un décret de discipline, un décret d'administration intérieure, une décision, une sentence émanant d'un tribunal d'*honneur*, n'ayant rien de commun, légalement parlant, avec celle émanée d'un tribunal de justice. — Autre chose est l'effet d'une sentence générale, émanant du pouvoir social, autre l'effet d'une mesure, d'une sentence commandée, avant tout, par les besoins de la discipline et par les nécessités de l'honneur d'une corporation ou d'un Ordre.

---

(1) L. Ult. Dig. De sent. pass. et restit.

.. Je réponds d'abord que le décret réorganisateur de la Légion-d'Honneur distingue entre les fautes contre l'honneur et la discipline, et les fautes contre l'intérêt social qu'on appelle crimes ou délits. — Et cette distinction est fondée sur la nature des choses : les premières, en effet, blessent les convenances et l'opinion, les secondes, la probité et la loi. Contre les unes. l'Ordre sévit en vertu de ses réglements et de sa discipline propres ; contre les autres, en vertu ou par suite des verdicts ou des sentences de justice.

Elles peuvent indistinctement, il est vrai, provoquer toutes ses rigueurs, mais tantôt directement, par voie disciplinaire, tantôt indirectement, par voie judiciaire. Dans le premier cas, la rumeur publique, une constatation tout ordinaire, — dans le second, des preuves positives, solennelles, mettent son action en mouvement.

Mais dans les deux cas, le décret d'exclusion puise son principe générateur dans un fait antérieur, attentant à l'honneur, ne pouvant dans l'un, mais pouvant dans l'autre, être poursuivi par les tribunaux ou conseils de guerre (1).

Mais ce n'est pas tout. — Ce décret d'exclusion, conséquence directe ou indirecte, peu importe, de la condamnation prononcée contre le légionnaire, et à ce titre, rentrant logiquement dans la catégorie des effets de cette condamnation, n'y rentre-t-elle pas légalement ? L'art. 34 du Code pénal, qui énumère les éléments de la dégradation civique, peine ou effet de peine, suivant les circonstances, et dans tous les cas, collection d'incapacités ou de privations de droit, résultant incontestablement de la condamnation, — l'art. 34, dis-je, n'édicte-t-il pas, entr'autres droits dont prive la dégradation civique, celui de porter une décoration ? Que fait donc le décret qui m'exclut de la Légion-d'Honneur ? Ce que fait la loi quand elle m'interdit d'en porter les insignes ! Le

____

(1) Art. 62, ord. 16 mars 1816. — Art. 5 du décret du 24 novembre 1852.

décret m'exclut en vertu d'un jugement, et le jugement m'interdit en vertu de la loi !

Est-ce que l'exclusion et l'interdiction, le décret et le jugement ne dérivent pas l'une et l'autre de la même source — la loi, — la loi qui est le décret régulateur de la Légion-d'Honneur, dans le cas d'exclusion, — la loi qui est le Code pénal dans le cas d'interdiction ?

Et après tout, cette loi elle-même, qu'est-elle autre chose, dans les deux hypothèses, que l'expression de la Justice rendant ses oracles — ou par la bouche même du Souverain, — ou par celle des juges ses délégués ?

Je dis donc que, conséquence et effet de la condamnation, le décret d'exclusion doit tomber sous l'empire de la réhabilitation.

Mais ne pourrais-je pas comparer l'exclusion, ou plutôt la radiation des contrôles de la Légion-d'Honneur, à la radiation d'une inscription hypothécaire, opérée en vertu d'une sentence judiciaire, mais avant la sentence qui la casse ou l'annule ? — Tant que cette dernière n'a pas été rendue, la radiation a légalement et valablement subsisté ; mais cette sentence a fait cesser *de plano* cette radiation. Valable depuis le jugement jusqu'à l'arrêt exclusivement, cette radiation n'a jamais eu d'existence définitivement légale, et l'inscription et le droit hypothécaire qu'elle avait exclus, qu'elle avait enlevés, qu'elle avait fait perdre, cette inscription, ce droit, n'ont réellement jamais cessé d'exister. — Ainsi en est-il de l'exclusion des contrôles de la Légion-d'Honneur ; — la radiation qui la constate, dure jusqu'à la réhabilitation ; mais dès que cette réhabilitation est accordée, elle disparaît, elle s'évanouit pour laisser reparaître à l'inscription qu'elle avait effacée, ou plutôt pour la rétablir *in statum pristinum*, dans son premier état.

Je parlais tantôt de pensions civiles de militaires retraités ; personne ne doute que toute pension, — que le pensionnaire soit ou non retraité, — est régie par les mêmes principes. Or, voyez ce qui adviendra ! Le légionnaire exclu, dégradé, déchu, en conséquence de sa pension, pourra la recouvrer, s'il se fait réhabiliter ! La loi est formelle : les droits à la pension, même quand la condamnation est afflictive ou infamante, les droits à la pension seront *rétablis*. Mais cette pension, ou le droit à cette pension, n'étant de l'avis de tous, que l'accessoire nécessaire, qu'une des prérogatives de la décoration, rétablir cette pension, c'est bien évidemment admettre la *révivification*, la résurrection, le *rétablissement* de la chose principale, de la décoration elle-même, *accessorium sequitur principale*, et avouer que rigoureusement le droit de décoration n'a été que *suspendu* (1).

— Autre objection, retranchement suprême de mes contradicteurs, et pour plus d'un excellent esprit, inaccessibles à tous les arguments ! — L'honneur, qui est comme la vertu, cette île escarpée et sans bords, etc., du Poète, — l'honneur qui est la base fondamentale et l'élément essentiel de la Légion-d'Honneur, comme la considération est celui du Barreau (2), — l'honneur qui est dans l'ordre de la Société ce qu'est la sainteté dans l'ordre de la Religion, — l'honneur est irrémissible, irrécouvrable, — et, rien d'impur, rien de souillé ne doit trouver place dans l'Institution qui en porte le nom !

Cela revient à dire que l'honneur des légionnaires doit être, doit rester intact, invulnérable et invulnéré, toujours pur, toujours sans tache, toujours immaculé comme la proverbiale fidélité de la campagne du héros de Pharsale.

Fort bien ! Mais indépendamment de cette puissance régénératrice, réparatrice d'un repentir sincère, proclamée par l'As-

---

(1) Droit *suspendu*, droit *ressuscité* ; nous trouvons ces expressions dans un remarquable passage de Voët, *Commentaire du Digeste*, tit. 48., liv. 23 — n° 3. On nous pardonnera de le citer ; — il y parle des effets d'une sentence de condamnation entraînant la *perte* ou l'*exclusion* du patronnat. — Etenim, dit-il, jus illud.. post sententiam, ad alium non erat translatum, sed potiùs *suspenditur*... virtute sententiæ... ex quâdam sententiâ necessariâ, propter *incapacitatem* condemnati — Quo cessante, juris illius exercitium spontè *ressuscitatur*.

(2) V. notre *Etude sur le Barreau en Algérie*. — Alger, Dubos, 1860.

semblée constituante, dans une Constitution désormais insé-
parable de nos lois pénales et de nos constitutions péniten-
tiaires... prétendre qu'il en est ainsi de l'honneur, n'est-ce
pas méconnaitre la pensée, bien plus, la parole formelle de
la loi ?

Que veut le décret réorganisateur de la Légion-d'Honneur ?
Que le légionnaire que des peines infamantes privent définitivement de ses droits et prérogatives, et excluent de la Légion, soit seulement *suspendu*, — s'il n'est frappé que d'une
peine correctionnelle — pendant la durée de sa peine, et pendant la durée de sa punition, s'il est envoyé dans une compagnie de discipline. — De sorte qu'à l'expiration de sa peine
ou de sa punition, ce légionnaire qui, pour vol, escroquerie,
abus de confiance, adultère, outrages publics aux mœurs, inconduite notoire, fautes contre l'honneur, aura été condamné
à la prison, au boulet, aux travaux publics, et par suite à la
suspension de sa qualité de membre de la Légion-d'Honneur,
le redeviendra de plein droit, sans autre expiation que la peine subie, sans épreuves de repentir et d'amendement.

Comment donc? Pendant un an, trois ans, cinq ans, cet
homme, *iste vir*, aura été privé du signe de l'honneur, parce
que, d'après vous, il en a perdu la réalité, et ces cinq ans
écoulés, vous le recevrez de nouveau dans les rangs de la
Légion *de* l'Honneur ! — La tache de son blason, nne tache
de cinq ans, s'effacera par l'*expiration* de la peine purement
matérielle, qui, vous le savez bien, ne présuppose pas toujours l'*expiation* de la peine morale, du repentir ! Avouez
donc que, même d'après vous, les blessures de l'honneur ne
sont pas légalement irréparables !

— Légalement ! — soit ! — mais moralement ! — Ni de l'une
ni de l'autre manière ! Non ! elles ne le sont ni moralement,
ni légalement, ni d'après l'opinion, ni d'après la loi.

L'opinion ! Pour elle, tout comme pour la loi, la vertu,
quel'qu'en ait dit Calvin, n'est pas plus *inadmissible* que le
crime n'est inexpiable, et l'homme que la peine et le re-

pentir ont amendé, diffère profondément de l'homme que la peine a endurci, et qui n'a pas même senti les salutaires *morsures* du repentir.

Mais admettez que l'opinion repousse de la Légion-d'Honneur tout homme qui, moralement, a forfait à l'honneur. — Pourquoi alors ne l'en excluez-vous pas sans pitié, sans *remède*, pour toujours !

Et ne dites pas que la suspension n'est réservée qu'aux légionnaires qui n'ont pas été tachés d'infamie légale ! — tandis que celui qui a été condamné à une peine infamante subira l'exclusion ! — Que faites-vous de l'opinion, de l'opinion qui, par exemple, qu'il s'agisse d'un vol criminel ou correctionnel, crime ou délit, — réprimé par une peine infamante ou non infamante, — n'y voit qu'une seule chose, un vol, et dans ce vol, un fait éminemment contraire à cet honneur, militaire ou civil, dont la décoration n'est que le signe extérieur !

Impossible de sortir de cet impasse, si la réhabilitation, aujourd'hui également applicable aux crimes ou aux délits, n'efface pas également l'infamie légale ou de droit, inhérente aux crimes, et l'infamie morale ou de fait, inhérente aux délits...

Or, qu'il en soit ainsi, c'est ce qui ressort et du principe qui a présidé à son institution, et des discussions qui, en 1809 et en 1852, se sont élevées sur les conséquences de ce principe.

L'Asemblée constituante voulut que la réhabilitation, véritable *baptême civique*, fit cesser tous les effets et toutes les incapacités, toutes les indignités, et par-dessus tout, l'infamie résultant d'une condamnation.

Les rédacteurs du Code d'Instruction criminelle voulaient aussi que la réhabilitation *purgeât* toutes les incapacités, toutes les indignités, la tache, la flétrissure, l'infamie attachées à cette condamnation.

Et, plus près de nous, il y a huit ans seulement, la réhabilitation, objet d'un projet de loi destiné à la rendre plus fa cile et plus étendue, est restée ce qu'elle était auparavant, tant dans son principe que dans ses conséquences.

Or, et ceci est bien digne de remarque, — or, rien n'autorise à soupçonner que ni le Droit intermédiaire, ni le Droit nouveau, ait entendu modifier, dans un sens restrictif, la réhabilitation de l'ancien Droit - laquelle « remettait et rétablissait un condamné à une peine infamante, en son honneur et droits, biens, *bonne fame* et renommé, ains et de la même manière qu'il était avant le jugement de condamnation, et sans qu'il pût être réputé avoir encouru, en vertu du jugement, aucune note d'infamie ou mort civile. »

Et, chose importante, cette réhabilitation s'accordait principalement aux officiers publics qu'une condamnation empêchait d'*exercer leurs fonctions*, ou, — en d'autres termes, rendait leurs fonctions aux officiers qui les avaient perdues.

Aussi ne suis-je pas surpris d'apprendre par Muyard de Vouglans et par Richer que « les lettres de réhabilitation lavaient la note d'infamie et l'incapacité où étaient des officiers publics qui ont satisfait à leur peine, de faire leurs fonctions, et les remettaient au même état qu'ils étaient avant la condamnation, » et cela conformément à certains textes du Droit romain et du Droit canonique, non-seulement pour l'avenir *quoad acquirenda*, mais encore pour le passé, antérieurement à la condamnation, *in acquirendis et quærendis*.

Aussi ne suis-je pas davantage surpris que Treilhard, emporté, par ses idées philosophiques et humanitaires, au-delà des prescriptions de l'Ordonnance, du texte du code pénal de 1791 et des inspirations de la raison juridique, ait prétendu, en plein Conseil-d'Etat, que la réhabilitation devait *tout effacer*, tout jusqu'à l'obligation pour le réhabilité de ne point réclamer les amendes et condamnations civiles prononcées contre lui.

Ce qui me surprend, c'est que des Jurisconsultes qui ont pu combiner les textes des deux législations pénales de 1791 et de 1809, aient pu enseigner qu'à la différence de la première, la seconde ne faisait cesser que les incapacités.

Ce qui ne me surprend pas moins, c'est que pour n'avoir pas suffisamment sondé les origines et étudié les développements de la réhabilitation dans l'ancien Droit, d'autres auteurs, la comparant à la *restitutio in integrum* des Romains, avec laquelle elle a certains rapports d'identité, alors qu'elle n'en a que de tels, pour ne rien dire plus, avec la réhabilitation des Ordonnances de nos rois, aient prétendu borner ses effets à la cessation de simples incapacités.

Non, l'infamie et tout ce qu'elle entraîne, la réhabilitation la détruit, l'anéantit, non pour un instant, mais pour toujours, non pour l'avenir seulement, mais encore pour le passé : *infamiam tollit.*

Mais si l'infamie est ôtée, si aux yeux de l'homme intelligent et sensé, la réhabilité ne peut encore être réputé coupable que dans l'opinion « de ces hommes du *commun peuple*, qui, dit Loyseau, ont coustume de juger et d'interpréter tout en mal ; — si, comme ce personnage de Senèque le Tragique, il a le droit de lever haut la tête et de dire à la Société :

Omnia eadem mihi præsta, idem sum,

Alors je comprends sans peine que la suspension d'un légionnaire, pas plus que la *relegatio* chez les Romains, n'ait pu le frapper *de capitis diminutio,* ni lui enlever pour toujours un Ordre, un honneur qui suppose — l'*existimatio* ! C'est que cet honneur n'a pas été *mortellement* atteint par l'infamie, c'est que la *loi* a créé un moyen de rétablir la *bonne fame* et renommée. Mais une condamnation non infamante ne pouvait que le blesser, et c'est pourquoi elle a laissé à la peine le soin de le guérir. — *Caput vulneratum !*

Pouvait-elle prouver plus clairement que, bien différente à ses yeux de l'infamie de droit ou de jugement qu'efface la réhabilitation, l'infamie de fait ou de préjugés qui est effacée par la peine, lui est pourtant, à peu de choses près, identique dans ses résultats ? *Infamiam juris et facti tollit restitutio.*

Encore une objection à réfuter, et ce n'est ni la moins spécieuse ni la moins forte ! — Eh bien ! Soit ! — Les lettres de réhabilitation civile font tomber le décret d'exclusion. — Qu'est-ce à dire? Que ce décret était un effet de la réhabilitation ? Je suis d'accord avec vous ! — Mais encore n'en sera-t-il ainsi que si ce décret, est un décret, en quelque sorte, *forcé*, résultant *forcément* d'une condamnation qui entraîne *forcément* exclusion. Eh bien donc! que cette exclusion soit *facultative*, qu'elle ne résulte pas nécessairement de la condamnation, qu'elle tienne moins au fait de la condamnation qu'à la nature du délit et à la gravité de la peine, — moins au simple vu du jugement ou de l'arrêt, qu'à leur examen et à leur appréciation, — votre décret d'exclusion ou même de suspension ne tombera certainement pas sous les coups de la réhabilitation !

A mon tour, j'accorde cette distinction entre le décret forcé et le décret facultatif d'exclusion ou de suspension d'un légionnaire.

J'accorde, en outre, que le décret forcé, conséquence directe et fatale de la condamnation, devra plus directement et plus fatalement que le décret facultatif qui n'est ni la conséquence directe, ni la conséquence fatale du décret de condamation, être soumis aux effets de la réhabilitation. — Mais qu'en conclure? Que la réhabilitation agira sur l'un autrement que sur l'autre, et sur les deux, pour des motifs différents ! Assurément. Mais enfin elle agira sur l'un et sur l'autre, et je ne demande rien de plus, mais aussi rien de moins !

Sans doute on m'opposera un arrêt de la Cour suprême d'après lequel un fonctionnaire, un officier ministériel destitué en vertu d'un jugement prononcé contre lui, à la suite d'un arrêt *infamant*, s'étant fait réhabiliter postérieurement à sa destitution, n'en restait pas moins destitué, parce que la réhabilition ne l'avait relevé que des incapacités résultant de l'arrêt, et non du jugement de destitution (1).

---

(1) 31 mars 1851, — Dall. 1861 — 1 — 110.

Mais remarquez, avant tout, que dans l'espèce jugée par cet arrêt, il était question, non pas précisément de l'arrêt atteint par la réhabilitation, mais d'un jugement *isolé* de destitution, — rendu, il est vrai, en suite de cet arrêt, mais longtemps après ce même arrêt, et dont les effets, ce semble, ne devaient pas être anéantis par une réhabilitation postérieure à ce jugement.

Je pourrais soutenir avec d'autres arrêts de la Cour de cassation (2), qu'un décret d'exclusion, et à plus forte raison, un jugement de suspension ou de révocation à la suite d'un jugement correctionnel, est une véritable décision de justice, et le dernier acte d'une poursuite disciplinaire, et qu'ainsi, tout comme ses premiers actes et le jugement de destitution lui-même, la réhabilitation peut l'atteindre.

Mais je vais plus loin ! Je prétends, sans crainte d'être taxé de *jacotisme* outré, que toute destitution, suspension et révocation, se liant comme l'effet à sa cause et la conséquence à son principe, à un arrêt *rescindé* par la réhabilitation, tombe nécessairement devant elle.

La loi ne distingue pa . Dès que les incapacités résultent d'ue sentence, quelle qu'en soit la forme, la réhabilitation la fait cesser. Et la preuve de cette assertion est écrite, au besoin, dans le §1er de l'art. 34 du code pénal. Mais ces incapacités émanent d'un jugement?—Eh ! qu'importe au condamné qu'elles viennent de cette source ou d'une autre ! Ne lui suffit-il pas de prouver que la cause, le fait générateur de ces incapacités, est dans le jugement, — pour soutenir avec raison qu'elles en sont l'effet ?

Est-ce tout ? — Si la doctrine de mes adversaires est vraie, et si leur distinction doit être accueillie, la loi a donc voulu consacrer un résultat inique et contraire à ses prescriptions les plus certaines ! Et, en effet, condamné à une peine infamante, je serai réhabilité, et je ne pourrai pas l'être si je suis condamné à une peine correctionnelle ! Conséquem-

---

(2) 14 août 1830. J.-P. — 121. — Il a plusieurs arrêts conformes.

ment. dans le premier cas, j'aurai le droit de reporter la croix, et dans le second, j'en serai à jamais déchu — et cela, parce que la réhabilitation aura lieu dans le premier cas, et n'aura pas lieu dans le second, bien autrement favorable que le premier !

Cela est absurde, cela est inadmissible !

Dois-je maintenant combattre l'argument tiré de l'économie de la loi en matière de réhabilition *commerciale*? — Cette réhabilitation *sui generis*, est régie par des lois particulières, et ni dans ses conditions, ni dans ses formes, ni dans son but, n'a rien de commun avec la réhabilitation *civile*. Le législateur commercial ne devait s'enquérir que d'une chose, — d'un fait matériel qui tombe sous le sens : le failli a-t-il payé toutes ses dettes ? — Si oui, la faillite n'existe plus, la réhabilitation la couvre et l'efface.

Il en est autrement de la réhabilitation *civile*. — Il ne s'agit plus ici d'un fait matériel et sensible. — Il s'agit d'appréciations morales, de preuves et de garanties de bonne conduite, de repentir. On conçoit dès-lors la différence qui la sépare de la réhabilitation commerciale : tel paie ses dettes *pénales* qui ne paie pas ses dettes *pécuniaires*, et réciproquement.

Insistera-t-on, en disant qu'il n'en est pas moins vrai que la réhabilitation commerciale est restreinte à une certaine catégorie de faillis ? — D'où la conséquence que l'honneur commercial, à la différence de l'honneur militaire et civil, peut recevoir chez certains commerçants, d'incicatrisables atteintes? — Pourquoi donc, ajoutera-t-on, pourquoi l'honneur des légionnaires, ce corps d'élite, ces Élus de l'honneur, dans son acception la plus vulgaire et la plus étendue, serait-il moins délicat et moins chatouilleux que l'honneur commercial ? — Pourquoi le voleur, l'escroc, l'adultère, l'homme qui a publiquement outragé les mœurs, ne pouvant se faire réhabiliter commercialement, les légionnaires qui se rendent coupables des mêmes délits ou des mêmes crimes, seraient ils plus favorisés? .

Pourquoi? mais je viens de le dire, — parce que le légionnaire criminel ou délinquant expie, et par la peine et par les
satisfactions qui suivent la peine, le fait, et si je puis parler
ainsi, la cause de sa condamnation, — parce que les exclusions que la loi prononce contre certains faillis, elle ne les
prononce pas contre certains légionnaires. — Où donc, en
effet, établit-elle en faveur des légionnaires, une réhabilitation
spéciale, privilégiée, à l'instar de celle des faillis? Je n'ai pu
trouver nulle part la preuve que le légionnaire, en tant que
légionnaire, est *exempt* du devoir et du droit d'obtenir la
réhabilitation de droit commun, — à moins qu'on ne prétende,
contrairement au texte général, absolu de la loi, à l'enseignement de l'histoire et aux inductions de la raison, qu'il n'est
pas réhabilitable, ce qui serait, pour parler avec Dumoulin,
absurdissimum et iniquissimum.

— Que me parlez-vous des conséquences morales de mon
principe? Voyez plutôt les conséquences légales du principe
contraire! A vous entendre, le légionnaire, exclu de la légion,
en est fatalement, irrémissiblement, déchu pour le passé, sans
que la réhabilitation elle-même puisse le relever de sa dé-
chéance — et cependant vous ne pouvez nier que, grâce à la
réhabilitation, ce même légionnaire n'ait la capacité de regagner la croix à l'avenir! — Mais y pensez vous? quoi! le
même homme sera indigne de reprendre la croix qu'il avait
perdue — et digne de conquérir celle qu'il n'a pas encore ga-
gnée! — Mais si à un moment de sa vie, il a reçu un stigmate
de déshonneur, pourquoi, indélébile pour le passé, ce stigmate
cesserait-il de l'être pour l'avenir? Je concevrais qu'une fois
frappé d'indignité, le légionnaire restât indigne pour toujours,
sans distinguer entre le temps qui a suivi la condamnation
jusqu'à la réhabilitation, — et celui qui suivrait cette réhabilitation jusqu'à une époque quelconque! — Mais ce que je ne
concevrai jamais, c'est que, la réhabilitation intervenant,
le légionnaire qui n'aurait failli à l'honneur qu'à un moment
donné, pût redevenir *honorable*, pour l'avenir sans être ré-

puté n'avoir pas cessé de l'être pour le passé, — ou, tout au moins, sans recouvrer *in integrum* le bénéfice d'un passé honorable, et resté tel, jusqu'au jour de sa condamnation !

L'honneur est ou n'est pas ; il est indivisible, et de même que chez les Romains on ne pouvait mourir partie *testat* et partie *intestat*, ainsi chez nous, nul ne peut vivre honorable pour l'avenir, s'il n'a vécu ou n'est présumé avoir vécu honorable pour le passé.

— M'objecterait-on encore qu'il serait illogique, contradictoire, qu'un légionnaire, exclu pour délit ou pour crime, par suite de jugement, pût se réhabiliter contre les effets de sa condamnation, alors que le légionnaire exclu sans jugement, par simple décret, pour *faits contre l'honneur* ou *inconduite habituelle*, n'aurait aucun moyen de se faire réhabiliter contre ce décret ?

Mais qu'on y songe ! — Dans le cas de fautes contre l'honneur ou d'inconduite habituelle, le légionnaire exclu par voie de décret, pourra, non par la réhabilitation ordinaire, il est vrai, mais par une sorte de réhabilitation administrative ou gracieuse, faire révoquer le décret qui l'a exclu. — Je conviens que la *loi* n'en dit rien. — Mais l'humanité, mais l'intérêt public, mais le besoin de ne pas livrer à des remords ou à un désespoir sans fin, un homme véritablement *amendé*, tout inclinera le *cœur* du Chef de l'Etat vers l'indulgence et le pardon, et le décret d'exclusion, soyez-en sûr, ne tardera pas d'être *gracieusement* révoqué.

Mais il est temps de couronner la démonstration de ma thèse par une preuve, j'allais dire un exemple tiré du Code dépositaire des principes de droit commun. — Qu'a décidé notre Code civil en matière d'exclusion et de destitution de tutelle ?

Il a consacré plusieurs dispositions à cet important sujet. Les plus remarquables sont celles des art. 443 et 444 — qui déclarent exclus, ou même destituables de la tutelle, les condamnés à une peine afflictive ou infamante, et les gens d'une inconduite notoire, ou dont la gestion attesterait l'incapacité et l'infidélité. Or, il est à remarquer que toutes les fois qu'a lieu l'exclusion ou la destitution d'une tutelle, — que ça soit de plein de droit, comme dans le cas de l'art. 443 — ou sur délibération motivée du conseil de famille, comme dans l'art. 444, — le tribunal de 1re instance, s'il n'y a pas adhésion du tuteur, à la délibération, devra l'homologuer.

En présence de ces dispositions, on s'est demandé si celui qui est exclu ou destitué d'une tutelle *quelconque*, dative ou légale, peut ensuite, à une époque *quelconque*, être appelé soit à une tutelle différente, soit à la *même* tutelle.

L'affirmative paraît avoir été admise dans l'ancien Droit ; deux arrêts (1) de Cour souveraine l'ont adoptée, et plusieurs auteurs modernes ou contemporains la partagent — Pour moi je le crois très équitable, — mais pas assez juridique, sauf dans le cas d'exclusion ou de destitution pour les deux causes de l'art. 444.

Mais que faudra-t-il décider dans le cas de l'art. 443, s'il y a eu condamnation judiciaire ? — Je réponds avec M. Demolombe, que l'exclu ou le destitué, pourra être appelé soit à une tutelle différente, soit à la *même* tutelle, s'il obtient sa réhabilitation.

Ainsi, s'agit-il, en matière de tutelle, d'exclusion de destitution pour inconduite notoire, infidélité ou incapacité ? — *Probablement* réintégration par réhabilitation, si je puis parler ainsi, *gracieuse* ou par avis favorable du conseil de famille.

S'agit-il d'exclusion ou de destitution par suite de condamnations judiciaires ? — *Certainement* réintégration par la réhabilitation de droit commun.

Eh bien ! voilà donc, pour ne parler que de l'exclusion,

---

(1) Cour de Besançon, 18 décembre 1806 — 18 avril 1811. D. A. 12, p. 728. — (2) Marchant, *De la Minorité*, et Jay, traité des *Conseils de famille*. — *Junge* Magnin, traité de la *minorité* t. I. M. Demolombe cite un *traité des tutelles* de 1686, que nous n'avons pu consulter.

voilà donc un tuteur exclu, après avoir été entendu, par un conseil de famille d'abord, puis, après défense nouvelle,—par un jugement, et pourtant la réhabilitation lui rendra *sa tutelle* ! Et vous ne voudriez pas que la réhabilitation rendît sa croix au légionnaire ? — Vous me répondrez que la tutelle est un droit naturel et civil, au lieu que la décoration est un droit purement civil ou positif. — Mais relisez l'art. 34 du Code pénal ! — il ne distingue pas, et cependant, il parle et de droits civils, et de droits civiques, et de droits purement naturels, et de droits naturels et civils !

Je m'arrête. Aussi bien pourquoi pousserais-je plus loin cette pérégrination juridique ? Je n'ai voulu qu'écarter les pierres de ma route, et voilà qu'en les écartant, je suis, sans m'en douter, parvenu à son terme.

Je puis donc enfin jeter un regard en arrière, ne fût-ce que pour mesurer le chemin que j'ai parcouru. J'ai dit les origines, les motifs rationnels et philosophiques, la raison religieuse et sociale de la réhabilitation. — M'adressant tout à la fois à l'histoire, à la philosophie et au droit, je me suis demandé si, en France, comme à Rome, cette institution d'humanité, de grâce et de justice avait, ou devait avoir un effet rétroactif, sinon *toujours*, du moins toutes les fois qu'il s'agit d'un droit actuel, existant, vivant, dont jouissait le réhabilité le jour de sa condamnation. — et j'ai répondu affirmativement.

J'ai rencontré plusieurs objections sur mes pas ; je les ai réfutées. Que me reste-t-il donc à faire ? Deux choses ! A dégager de tout ce qui précède un principe certain, incontestable, fécond — et à déduire de ce principe une série de conséquences qui mènent logiquement un esprit sincère vers la solution de mon problème.

Mais si je ne m'abuse étrangement, — tour à tour interrogés, tous les échos du droit romain, du droit canonique et du droit français, ont proclamé la haute convenance, enseigné l'utilité sociale, la nécessité pour la société de relever, de pardonner, de racheter, dans des mesures différentes, et, pour tout dire

en un seul mot, de *réhabiliter* par un acte tout-puissant de clémence, de mansuétude et de justice, ceux de ses membres
qui, à tort ou à raison, ont été l'objet d'une poursuite ou d'une
condamnation judiciaire, — ceux-là spécialement qui, après
avoir subi la peine matérielle, expiation du corps, prouvaient,
par de longues annés d'une conduite irréprochable, gages certains d'un amendement réparateur, qu'ils avaient, en outre,
subi la peine morale de l'âme, le repentir.

Et comme, — matérielle ou morale, la peine lave la tache
imprimée à l'être tout entier du coupable par la condamnation, j'en ai conclu tout naturellement que la réhabilitation
qui présupposait l'expiation et le repentir, effaçait cette condamnation elle-même, *perinde ac nec fuisset damnatio* ; et
que la réhabilitation était dans la loi, comme dans l'opinion,
la réintégration juridique d'un condamné tant pour l'avenir
que pour le passé.

Voilà le *principe*.

Il en résulte, entr'autres choses,

1° Que la condamnation paralyse, *suspend* les droits du
condamné, depuis le jugement ou l'arrêt de condamnation
jusqu'à la réhabilitation.

2° Que ces droits, devenus inactifs par la condamnation
redeviennent actifs par la réhabilitation.

3° Que loin de recommencer à exister, *ex nunc*, ces droits
continuent leur existence, *ex tunc*.

4° Que du nombre de ces droits, *suspendus* et non *inter-
rompus*, est celui de porter une décoration.

5° Que la réhabilitation réveillant, pleins de leur vie et de
leur énergie primitives, les *droits* que la condamnation avait
assoupis et non tués, elle les rend au réhabilité tels qu'ils
étaient avant leur assoupissements ou leur sommeil (1), c'est-
à-dire, avant la condamnation.

6° Que, d'une part, la réhabilitation, faisant cesser tous les

---

(1) Jussopitum. — C'est une expression du Digeste.

effets et toutes les incapacités nées de la condamnation, et, d'autre part, le décret d'exclusion d'un légionnaire, étant au nombre de ces effets, elle le fait cesser d'être, elle l'anéantit, si bien qu'il est censé n'avoir jamais existé (1).

7° Que l'exclusion cessant, l'*inclusion* recommence : qu'en d'autres termes, le légionnaire — que le décret avait fait sortir de la Légion, — la réhabilitation l'y fait rentrer comme s'il n'en était jamais sorti, — au moyen d'un décret réhabilitateur.

8° Que si la réhabilitation n'opérait que pour l'avenir et non pour le passé, la raison qui lui interdirait tout effet pour le passé, lui interdirait également tout effet pour l'avenir.

9° Qu'enfin la réhabilitation, opérant tout à la fois sur l'avenir et sur le passé, — ou le légionnaire n'est pas réhabilitable, ou s'il l'est, sa réhabilitation le rétablit incontestablement dans l'honneur, la renommée, les droits et les capacités qu'il possédait au moment même de sa condamnation (2).

Voilà les *conséquences* !

A présent, je peux enfin me poser, pour la seconde fois, la question dont je cherche la solution ; et au lieu de répondre par un chancelant et timide *peut-être*, le résoudre par un ferme et hardi,

Oui, sans doute !

Oui, vous dis-je ! Et ne me dites plus, que fût-elle conforme à la loi, cette réponse n'en serait pas moins contraire à nos mœurs ! — Le législateur s'est mis plus d'une fois lui-même en flagrante contradiction avec elles ! — Les mœurs ! — Je conçois qu'on les respecte. quand elles sont fondées sur la raison ou sur la nature des choses. — Mais si elles ne reposent que sur une vaine opinion, que sur un préjugé, aussi

---

(1) La formule ordinaire des lettres de réhabilitation porte que la réhabilité l'est dans *tous les droits* dont il a été privé par l'effet de la condamnation.

(2) Sauf pendant le *sopor* des droits du condamné — depuis le moment où commence l'exécution de la peine jusqu'à la réhabilitation.

anti-légal qu'illégitime. — je ne vois pas pourquoi un législateur sage et progressif userait de ménagement envers elles.
Loin de là ! — son droit, son devoir n'est-il pas de fermer l'o-
reille aux folles opinions de la foule, et d'éclairer, de corri-
ger, de diriger et ses pensées et ses jugements et ses tendances ?

Eh quoi ! le baptême purificateur et régénérateur du Prince,
conféré au condamné repentant, — après l'avis préalable d'une
Cour souveraine, — exprimé sur enquête administrative et judiciaire, — après les épreuves imposées par la loi, alors que l'a-
mendement de ce condamné est *légalement* certain, — ce baptême, accordé après l'expiration de la peine subie, ne serait
pas aussi puissant que la grâce octroyée avant l'exécution de
la condamnation, et n'aurait pas même pour effet de faire ré-
puter simplement suspendu des droits de légionnaire, le condamné exclu de la Légion, — perpétuellement, aux termes de
la loi, — mais temporairement et pour un temps plus ou moins
court, s'il y a réhabilitation ?

Laissez donc, laissez au *commun peuple* le monopole des
impressions injustes et irréfléchies ! apprenez-lui ce que l'intérêt public, bien autrement exigeant et impérieux qu'un préjugé irrationnel, exagéré, quand même il serait général, veut de
concert avec le droit, la raison et la religion ! Qu'à l'exemple du
Dieu qui est tout miséricorde et amour, et dont le propre (1)
est plutôt le pardon que la justice, la Société, fléchie par le
spectacle d'un homme que l'expiation physique et morale a
ramené vers elle, lui tende les bras, le presse de nouveau sur
son sein maternel, et, le traitant comme le Père de famille de
l'Evangile traite le Fils prodigue qui revient à lui, le revête de
ses premiers habits, orne sa droite de l'anneau d'affranchis-
sement, et pour célébrer le bonheur de son retour au foyer
domestique, lave son passé dans le sang réhabilitateur du veau

---

(1) Deus, cujus proprium est *parcere et misereri !*

gras — immolé dans la salle du festin, en présence de nombreux convives (1) !

La loi française, loi essentiellement chrétienne par ses origines et par ses tendances, s'accorde ici avec la Religion et la Loi ! Dieu pardonne au coupable repentant. Que la Société pardonne au coupable présumé tel ! A Dieu la pénitence qui convertit, à la Société la peine qui amende ! A Dieu les pensées qui changent le pécheur; à la société les actes qui réforment le condamné ! — Quoi de plus conforme à l'ineffable harmonie qui doit régner entre la loi divine et la loi humaine ! — Malheur aux peuples dont les mœurs discordantes troublent ce providentiel concert ! — Telle que je l'entends, telle que l'a voulue le législateur de 1809, la réhabilitation ne devait pas être ce qu'elle a été jusqu'ici, — une sorte de lettre morte ensevelie dans un coin oublié de son système de législation criminelle. — Pourquoi aujourd'hui même, après la loi de 1852, qui en a élargi le cercle et facilité l'accès, la statistique judiciaire révèle-t-elle un si petit nombre de réhabilités? Ne serait-ce pas parce que, privée d'une partie de la solennité des formes de sa célébration (2) sous l'Assemblée constituante, elle n'oppose qu'une digue impuissante aux préjugés de nos mœurs publiques? — Ne serait-ce pas surtout, parce que, restreinte par la majorité de nos Criminalistes, à des effets de minime importance, elle présente à la plupart des condamnés, des inconvénients que ne compensent pas ses avantages ?

Veut-on qu'elle soit aussi recherchée qu'elle est négligée?

(1) L. Evang. cap. XV.

(2) Sous le Code pénal de 1791, la réhabilitation était une véritable fête. — V. art. 6 et 7 du tit. VII. — Voici qu'elle en était l'admirable formule : Un tel a expié son crime en faisant sa peine — maintenant sa conduite est irréprochable; nous demandons au nom de son pays que sa tache soit effacée.

Et le Président du tribunal, *sous délibération*, prononçait ces mots, en présence des autorités réunies, « sur l'attestation et la demande de votre pays, la loi et le tribunal *effacent la tache* de votre crime. »

Qu'elle embrasse tout à la fois, et l'avenir et le passé, et qu'elle fasse cesser tous les *effets*, en même temps que toutes les *incapacités*, directement ou indirectement attachés à la condamnation !

⎯⎯•◆•⎯⎯

ÉPILOGUE.

—

Et maintenant que pour arriver jusqu'à toi, Vérité sainte, Vérité bien-aimée ! j'ai péniblement traversé les longs et rudes sentiers du Droit éclairé par l'Histoire et la Philosophie, — maintenant que, pour m'assurer de la solidité de ma thèse, je l'ai soumise à la triple et redoutable épreuve des objections de droit, — des considérations de raison — et des arguments de fait ; maintenant, ô Vérité juridique, toi à qui dès l'aurore de ma jeunesse, je consacrai tout ce que Dieu me départit. d'intelligence pour te connaître, de cœur pour t'aimer, de dévouement pour te servir, — puis-je enfin, obscur initié de la veille aux premiers secrets de tes charmes, puis-je dire de la solution que j'ai avidement cherchée, ce que l'immortel géomètre de Syracuse disait un jour d'un problème mathématique : *Eureka*, je l'ai trouvée ? Mais hélas ! telle est tout à la fois la grandeur et la misère de la Science du Droit comme de toutes les sciences morales, que l'affirmer serait, à mes propres yeux, le témoignage irrécusable d'une impardonnable témérité ! — Si, du moins, stimulé par mon humble exemple, un autre de tes Disciples, achevant ce que j'ai si rapidement ébauché, atteignait lui-même le but que je lui ai peut-être, hélas ! à peine montré !

Corinthum ! — *Corinthum* !... O vieille Cité de Jason ! Si moins heureux navigateur que l'époux de Médée, — après avoir sillonné en tout sens les golfes orageux que ton isthme sépare, — je n'ai pas touché à tes paisibles bords ; s'il ne m'a pas été donné de baiser amoureusement ta terre trois fois sacrée ; si mes lèvres brûlantes n'ont pu goûter à tes fruits d'or, — tu m'as permis, et c'est assez pour moi, d'en respirer les suaves parfums, et de contempler d'assez près l'inexprimable éclat de ta beauté pour dire désormais à ceux qui, comme moi, tourneront vers tes rivages la proue de leur esquif : « Ramez, ramez encore, ô mes amis ! Ramez toujours ! Quelques coups d'aviron de plus, vous voilà dans le port si désiré ! Et si un destin contraire vous en éloignait à jamais, souvenez-vous que tous n'ont pas le privilége d'y entrer (1), et rendez grâce au Ciel d'en avoir approché ! »

NOTE.

(2) Nous croyons avoir lu dans un auteur anglais qu'à ce dire de *Cromwel* qui devait en savoir quelque chose « on ne va jamais plus loin que lorsqu'on ignore où l'on va. » — Ne pourrait-on dire, en retournant le mot de cet homme fameux, qu'on ne va jamais plus loin que lorsqu'on sait d'avance où l'on veut aller ? — Au fur et à mesure que nous creusons notre sujet, nous découvrirons de nouveaux filoux, et c'est à peine si pour ne pas retenir trop longtemps nos lecteurs dans le sein d'une mine encore inexplorée, nous avons çà et là frappé de notre marteau devinateur les veines les plus riches.

Désireux de nous renfermer, autant que possible, dans le cercle d'une pure question de Droit, nous avons dû glisser sur le côté philosophique de notre thèse — nous nous y arrêterons plus tard, dans un travail qui ne sera que le commentaire de cette pensée de La Bruyère.

« Je ne sais s'il est permis de juger des hommes par une faute qui est unique, et si un besoin extrême, ou une violente passion, ou un premier mouvement tirent à conséquence (1). »

Et notre conclusion, aussi morale et religieuse que philosophique, sera celle-ci :

« La réhabilitation, telle que nous l'avons esquissée dans cette étude, est non seulement possible, équitable, mais nécessaire et juste, et si elle n'existait, il faudrait l'inventer.

---

(1) Non datur omnibus adire Corinthum.
(2) Caractères, chap. XI. *Des jugements.*

DE L'ÉTABLISSEMENT

D'UN

JURY SPÉCIAL

D'EXPROPRIATION PUBLIQUE

EN

ALGÉRIE

En principe, aux yeux maternels de la loi civile, l'intérêt particulier d'un citoyen est aussi sacré que l'intérêt général de la Cité tout entière.

Ad reges protectas eminens… ad singulos proprietas.

Sénèque.

ALGER

IMPRIMERIE ALGÉRIENNE DE DUBOS

1860

moins heureux navigateur que l'époux de Médée, — après avoir sillonné en tout sens les golfes orageux que ton isthme sépare, — je n'ai pas touché à tes paisibles bords ; s'il ne m'a pas été donné de baiser amoureusement ta terre trois fois sacrée ; si mes lèvres brûlantes n'ont pu goûter à tes fruits d'or, — tu m'as permis, et c'est assez pour moi, d'en respirer les suaves parfums, et de contempler d'assez près l'inexprimable éclat de ta beauté pour dire désormais à ceux qui, comme moi, tourneront vers tes rivages la proue de leur esquif : « Ramez, ramez encore, ô mes amis ! Ramez toujours ! Quelques coups d'aviron de plus, vous voilà dans le port si désiré ! Et si un destin contraire vous en éloignait à jamais, souvenez-vous que tous n'ont pas le privilége d'y entrer (1), et rendez grâce au Ciel d'en avoir approché ! »

NOTE.

(2) Nous croyons avoir lu dans un auteur anglais qu'à ce dire de *Cromwel* qui devait en savoir quelque chose « on ne va jamais plus loin que lorsqu'on ignore où l'on va. » — Ne pourrait-on dire, en retournant le mot de cet homme fameux, qu'on ne va jamais plus loin que lorsqu'on sait d'avance où l'on veut aller? — Au fur et à mesure que nous creusons notre sujet, nous découvrirons de nouveaux filons, et c'est à peine si pour ne pas retenir trop longtemps nos lecteurs dans le sein d'une mine encore inexplorée, nous avons çà et là frappé de notre marteau devinateur les veines les plus riches.

Désireux de nous renfermer, autant que possible, dans le cercle d'une pure question de Droit, nous avons dû glisser sur le côté philosophique de notre thèse — nous nous y arrêterons plus tard, dans un travail qui ne sera que le commentaire de cette pensée de La Bruyère.

« Je ne sais s'il est permis de juger des hommes par une faute qui est unique, et si un besoin extrême, ou une violente passion, ou un premier mouvement tirent à conséquence (1). »

Et notre conclusion, aussi morale et religieuse que philosophique, sera celle-ci :

« La réhabilitation, telle que nous l'avons esquissée dans cette étude, est non seulement possible, équitable, mais nécessaire et juste, et si elle n'existait, il faudrait l'inventer.

---

(1) Nôn datur omnibus adire Corinthum.
(2) *Caractères*, chap. XI. *Des jugements.*

Documents manquants (pages, cahiers...)
NF Z 43-120-13

www.ingramcontent.com/pod-product-compliance
Lightning Source LLC
Chambersburg PA
CBHW051638060726
47597CB00004B/1624